高职高专工学结合课程改革规划教材

Qiche Baoxian yu Lipei

汽车保险与理赔

（第二版）

（汽车运用与维修技术专业用）

交通职业教育教学指导委员会
汽车运用与维修专业指导委员会　　组织编写

陈文均　刘资媛　主　编

人民交通出版社股份有限公司
China Communications Press Co.,Ltd.

内 容 提 要

本书是高职高专工学结合课程改革规划教材,是在各高等职业院校积极践行和创新先进职业教育思想和理念,深入推进"校企合作、工学结合"模式的大背景下,由交通职业教育教学指导委员会汽车运用与维修专业指导委员会根据新的教学标准和课程标准组织编写而成。

本书以汽车保险理赔工作过程为主线,内容主要包括概述、汽车保险法律法规、汽车保险的投保、汽车保险理赔、汽车保险定损与费用评估等有关保险业务方面的知识。同时专门对现场查勘、定损以及费用评估等结合工作岗位的技能知识点进行描述,并有针对性地选择典型案例进行分析,以培养学生综合运用专业知识解决实际问题的能力。本书共分6个学习单元。

本书主要供高职高专院校汽车运用与维修技术、汽车营销与服务、汽车车身维修技术、汽车检测与维修技术专业教学使用。

图书在版编目(CIP)数据

汽车保险与理赔/陈文均,刘资媛主编.—2版
.—北京:人民交通出版社股份有限公司,2017.8
　　ISBN 978-7-114-14028-0

Ⅰ.①汽…　Ⅱ.①陈…　②刘…　Ⅲ.①汽车保险—理赔—中国—高等职业教育—教材　Ⅳ.①F842.63

中国版本图书馆 CIP 数据核字(2017)第 171146 号

高职高专工学结合课程改革规划教材
书　　名:	汽车保险与理赔(第二版)
著 作 者:	陈文均　刘资媛
责任编辑:	张一梅
出版发行:	人民交通出版社股份有限公司
地　　址:	(100011)北京市朝阳区安定门外外馆斜街 3 号
网　　址:	http://www.ccpress.com.cn
销售电话:	(010)59757973
总 经 销:	人民交通出版社股份有限公司发行部
经　　销:	各地新华书店
印　　刷:	北京市密东印刷有限公司
开　　本:	787×1092　1/16
印　　张:	9.5
字　　数:	208 千
版　　次:	2011 年 8 月　第 1 版 2017 年 8 月　第 2 版
印　　次:	2017 年 8 月　第 2 版　第 1 次印刷　累计第 4 次印刷
书　　号:	ISBN 978-7-114-14028-0
定　　价:	22.00 元

(有印刷、装订质量问题的图书由本公司负责调换)

交通职业教育教学指导委员会
汽车运用与维修专业指导委员会

主 任 委 员：魏庆曜

副主任委员：张尔利　　汤定国　　马伯夷

委　　　员：王凯明　　王晋文　　刘　锐　　刘振楼

　　　　　　刘越琪　　许立新　　吴宗保　　张京伟

　　　　　　李富仓　　杨维和　　陈文华　　陈贞健

　　　　　　周建平　　周柄权　　金朝勇　　唐　好

　　　　　　屠卫星　　崔选盟　　黄晓敏　　彭运均

　　　　　　舒　展　　韩　梅　　解福泉　　詹红红

　　　　　　裴志浩　　魏俊强　　魏荣庆

秘　　　书：秦兴顺

编审委员会

公共平台组

组　　长：魏庆曜
副 组 长：崔选盟　周林福
成　　员：王福忠　林　松　李永芳　叶　钢　刘建伟　郭　玲
　　　　　马林才　黄志杰　边　伟　屠卫星　孙　伟
特邀主审：郭远辉　杨启勇　崔振民　韩建保　李　鹏　陈德阳

机电维修专门化组

组　　长：汤定国
副 组 长：陈文华　杨　洸
成　　员：吕　坚　彭小红　陈　清　杨宏进　刘振楼　王保新
　　　　　秦兴顺　刘　成　宋保林　张杰飞
特邀主审：卞良勇　黄俊平　寒小平　张西振　疏祥林　李　全
　　　　　黄晓敏　周建平

维修服务顾问专门化组

组　　长：杨维和
副 组 长：刘　焰　杨宏进
成　　员：韦　峰　罗　双　周　勇　钱锦武　陈文均　刘资媛
　　　　　金加龙　王彦峰　杨柳青
特邀主审：吴玉基　刘　锐　张　俊　邹小明　熊建国

保险与公估专门化组

组　　长：张尔利
副 组 长：阳小良　彭朝晖
成　　员：李远军　陈建宏　侯晓民　肖文光　曹云刚　廖　明
　　　　　荆叶平
特邀主审：文爱民　任成尧　李富仓　刘　璘　冷元良

第二版前言

"汽车保险与理赔"是汽车运用与维修技术专业的必修课程之一,该课程的教材《汽车保险与理赔》第一版出版至今已近6年。6年来,职业教育有了许多新发展、新需求,教材必须适应这些新的变化,《汽车保险与理赔》再版修订,显得尤为迫切。

在修订过程中,我们充分考虑到职业教育的教学特点和汽车服务企业对人才的需求,注重理论知识与实践技能的有机结合,并注重吸收国外先进的职教理念。从市场需求入手,认真分析行业发展动态,制订了详细的修订方案。

《汽车保险与理赔》第二版在第一版教材的基础上,融入了近年来汽车保险与理赔的新法规、新政策及编者多年的教学经验;改正了第一版中的错误;更新了部分案例。

参加本书编写工作的有:贵州交通职业技术学院的陈文均(编写学习单元1)、贵州交通职业技术学院何丽华(编写学习单元2)、湖南交通职业技术学院的刘资媛(编写学习单元3)、湖南交通职业技术学院的曹旖旎(编写学习单元4)、贵州交通职业技术学院的田佩先(编写学习单元5)、贵州交通职业技术学院的彭静(编写学习单元6)。全书由贵州交通职业技术学院的陈文均、湖南交通职业技术学院的刘资媛担任主编。

限于编者经历和水平,教材内容难以覆盖全国各地的实际情况,希望各教学单位在积极选用和推广本系列教材的同时,注重总结经验,及时提出修改意见和建议,以便再版修订时补充完善。

编 者
2017 年 6 月

第一版前言

为落实《国家中长期教育改革和发展规划纲要(2010—2020年)》精神,深化职业教育教学改革,积极推进课程改革和教材建设,满足职业教育发展的新需求,交通职业教育教学指导委员会汽车运用与维修专业指导委员会按照工学结合一体化课程的开发程序和方法编制完成了《汽车运用技术专业教学标准与课程标准》,在此基础上组织全国交通职业技术院校汽车运用技术专业的骨干教师及相关企业的专业技术人员,编写了本套规划教材,供高职高专院校汽车运用技术、汽车检测与维修专业教学使用。

本套教材在启动之初,交通职业教育教学指导委员会汽车运用与维修专业指导委员会又邀请了国内著名职业教育专家赵志群教授为主编人员进行了关于课程开发方法的系统培训。教材初稿完成后,根据课程的特点,分别邀请了企业专家、本科院校的教授和高职院校的教师进行了主审,之后又专门召开了两次审稿会,对稿件进行了集中审定后才定稿,实现了对稿件的全过程监控和严格把关。

本套教材在编写过程中,主要编写人员认真总结了全国交通职业院校多年来的教学成果,结合了企业职业岗位的客观需求,吸收了发达国家先进的职业教育理念,教材成稿后,形成了以下特色:

1. 强调"校企合作、工学结合"。汽车运用技术专业建设,从市场调研、职业分析,到教学标准、课程标准开发,再到教材编写的全过程,都是职业院校的教师与相关企业的专业人员一起合作完成的,真正实现了学校和企业的紧密结合。本专业核心课程采用学习领域的课程模式,基于职业典型工作任务进行课程内容选择和组织,体现了工学结合的本质特征——"学习的内容是工作,通过工作实现学习",突出学生的综合职业能力培养。

2. 强调"课程体系创新,编写模式创新"。按照整体化的职业资格分析方法,通过召开来自企业一线的实践专家研讨会分析得出职业典型工作任务,在专业教师和行业专家、教育专家共同努力下进行教学分析和设计,形成了汽车运用技术专业新的课程体系。本套教材的编写,打破了传统教材的章节体例,以具有代表性的工作任务为一个相对完整的学习过程,围绕工作任务聚焦知识和技能,体现行动导向的教学观,提升学生学习的主动性和成就感。

第一版前言

《汽车保险与理赔》是本套教材中的一本。与传统同类教材相比，本教材强调"工学结合"，力求理论联系实际，语言精练，内容实用，具有易学、易懂、易用的特点。

参加本书编写工作的有：贵州交通职业技术学院的陈文均（编写学习单元1和学习单元2）、湖南交通职业技术学院的刘资媛（编写学习单元3）、湖南交通职业技术学院的曹旖旎（编写学习单元4）、贵州交通职业技术学院的田佩先（编写学习单元5）、贵州交通职业技术学院的彭静（编写学习单元6）。全书由贵州交通职业技术学院的陈文均、湖南交通职业技术学院的刘资媛担任主编，由吉林交通职业技术学院的刘锐担任主审。

限于编者经历和水平，教材内容难以覆盖全国各地的实际情况，希望各教学单位在积极选用和推广本系列教材的同时，注重总结经验，及时提出修改意见和建议，以便再版修订时补充完善。

交通职业教育教学指导委员会
汽车运用与维修专业指导委员会
2011年6月

目 录

学习单元1　概述 …………………………………………………………… 1
　一、风险概述 ……………………………………………………………… 1
　二、保险概述 ……………………………………………………………… 3
　三、汽车保险概述 ………………………………………………………… 8
　　思考与练习 ……………………………………………………………… 9
　　综合训练 ………………………………………………………………… 9
　　拓展学习 ………………………………………………………………… 9

学习单元2　汽车保险法律法规 …………………………………………… 10
　一、与汽车保险有关的法律法规体系 …………………………………… 11
　二、保险法 ………………………………………………………………… 11
　三、保险合同法 …………………………………………………………… 15
　四、保险业法 ……………………………………………………………… 23
　五、道路交通安全法 ……………………………………………………… 24
　六、保险争议解决的法律途径 …………………………………………… 26
　　思考与练习 ……………………………………………………………… 28
　　综合训练 ………………………………………………………………… 31
　　拓展学习 ………………………………………………………………… 31

学习单元3　汽车保险的投保 ……………………………………………… 32
　一、汽车投保的主要方式 ………………………………………………… 32
　二、汽车商业保险险种 …………………………………………………… 33
　三、汽车交通事故强制责任保险 ………………………………………… 36
　四、机动车商业保险 ……………………………………………………… 39
　五、A、B、C条款的区别 ………………………………………………… 50
　六、汽车投保险种的选择 ………………………………………………… 53
　七、填写投保单 …………………………………………………………… 54
　八、核保 …………………………………………………………………… 55
　九、续保 …………………………………………………………………… 55
　十、汽车保险营销 ………………………………………………………… 56
　　思考与练习 ……………………………………………………………… 66
　　综合训练 ………………………………………………………………… 67

目 录

  拓展学习 ……………………………………………………………………… 67

学习单元 4　汽车保险理赔 ……………………………………………………… 68
  一、汽车保险理赔概述 …………………………………………………… 68
  二、客户进行索赔的基本流程 …………………………………………… 69
  三、保险公司的理赔程序 ………………………………………………… 71
  思考与练习 ………………………………………………………………… 84
  综合训练 …………………………………………………………………… 84
  拓展学习 …………………………………………………………………… 85

学习单元 5　汽车保险定损与费用评估 ………………………………………… 88
  一、事故汽车保险定损与费用评估概述 ………………………………… 88
  二、事故汽车保险损失与费用确定 ……………………………………… 90
  三、事故汽车的损伤分析 ………………………………………………… 94
  四、事故汽车碰撞损伤的诊断与测量 …………………………………… 98
  五、事故汽车常损零件维修与更换的方法 ……………………………… 100
  六、事故汽车保险定损 …………………………………………………… 104
  七、事故汽车维修费用的评估 …………………………………………… 113
  八、事故汽车损伤修复质量检验及申诉、仲裁 ………………………… 116
  思考与练习 ………………………………………………………………… 116
  综合训练 …………………………………………………………………… 117
  拓展学习 …………………………………………………………………… 117

学习单元 6　汽车保险综合案例 ………………………………………………… 121
  一、汽车保险法律法规案例 ……………………………………………… 121
  二、交通事故责任强制保险案例 ………………………………………… 125
  三、商业第三者责任险案例 ……………………………………………… 127
  四、车辆损失险案例 ……………………………………………………… 129
  五、全车盗抢险案例 ……………………………………………………… 131
  六、附加险案例 …………………………………………………………… 133
  思考与练习 ………………………………………………………………… 134
  综合训练 …………………………………………………………………… 135
  拓展学习 …………………………………………………………………… 137

参考文献 ………………………………………………………………………… 140

学习单元 1　　概　　述

学习目标

通过本单元的学习,应能:
1. 知道风险及保险的基础知识、基本理论;
2. 描述风险的定义、风险因素和风险事故的含义;
3. 描述保险的定义与特征、保险的构成要素;
4. 理解可保风险的条件;
5. 知道保险的分类以及保险的职能与作用。

学习时间

4学时。

【案例导入】
某日20时30分,在某市香槟大道上,一辆越野车撞翻一辆摩托车,后冲进人群,造成至少3死2伤。突如其来的车祸事故意味着人们周围存在着各种各样的风险,到底什么是风险呢?

一、风险概述

无风险无保险,无损失无保险。风险是保险产生和发展的基础。保险是人类社会用来对付风险和处理风险发生后所造成的经济损失的一种有效手段。

1. 风险的定义

风险一般是指某种事件发生的不确定性。由于保险是特殊的处理风险的方法,只有在被保险人遭受经济损失时,才给予赔偿或给付,所以保险理论上的风险是指损失的不确定性。

所谓不确定性包括:损失是否发生不确定;损失何时发生不确定;损失何地发生不确定。

2. 风险的构成要素

风险是由风险因素、风险事故和损失三要素构成的。

(1) 风险因素是指某一特定损失发生或增加其发生的可能性或扩大损失程度的原因。它是风险事故发生的潜在原因,是造成损失的内在或间接原因。

根据性质不同,风险因素分为实质风险因素、道德风险因素、心理风险因素三种。

①实质风险因素。实质风险因素是指有形的、能直接影响事物物理功能的因素,即指某一标的本身所具有的足以引起或增加损失机会和加重损失程度的客观原因和条件。

如人体生理器官功能;建筑物所在地、建材等;汽车的生产厂家、规格、制动系统;地壳的异常变化、恶劣的气候、疾病传染等。

②道德风险因素。道德风险因素是与人的品德修养有关的无形的因素,即指由于个人不诚实、不正直或不轨企图,故意促使风险事故发生,以致引起社会财富损毁和人身伤亡的原因或条件。

如欺诈、纵火等。在保险业务中,保险人不承保此类风险因素造成的损失责任,不承担因道德风险因素所引起的损失、赔偿或给付责任。

③心理风险因素。心理风险因素又叫风纪风险因素,是与人的心理状态有关的无形的因素,即指由于人们不注意、不关心、侥幸,或存在依赖保险心理,以致增加风险事故发生的机会和加大损失的严重性的因素。

如企业或个人投保财产保险后放松对财物的保护,或者在火灾发生时不积极施救,任其损失扩大等,都属于心理风险因素。

(2)风险事故是指造成生命、财产损失的偶发事件,是造成损失的直接的或外在的原因,是损失的媒介物。即风险只有通过风险事故的发生,才能导致损失。

风险是损失发生的一种可能性,风险事故则意味着风险的可能性转化为现实性。因而,风险事故是直接引起损失后果的意外事件。

(3)损失是指非故意的、非预期的、非计划的经济价值的减少,即经济损失。这是狭义的损失定义,一般以丧失所有权、预期利益、支出费用、承担的责任等形式表现,而像精神损失、政治迫害、折旧、馈赠等均不能作为损失。

在保险理论中,通常将损失分为两种形态,即直接损失和间接损失。直接损失是由风险事故导致的财产本身的损失和人身的伤害,间接损失则是由直接损失引起的额外费用损失、收入损失、责任赔偿损失等。

3. 风险的分类

(1)按风险产生的原因分类,可以将风险划分为自然风险、社会风险、政治风险、经济风险和技术风险。

①自然风险。自然风险是指因自然力的不规则变化引起的种种现象对人们的经济生活和物质生产及生命安全等产生威胁的风险。如地震、水灾、火灾、风灾等自然现象是经常的、大量发生的自然风险。自然风险是保险人承保最多的风险。

②社会风险。社会风险是指由于个人或团体的作为(包括过失行为、不当行为及故意行为)或不作为使社会生产及人们生活遭受威胁的风险。如盗窃、抢劫、玩忽职守及故意破坏等行为将可能对他人的财产或人身造成损失或损害。

③政治风险。政治风险又称为国家风险,是指在对外投资和贸易过程中,因政治原因或订约双方所不能控制的原因,使债权人可能遭受损失的风险。如因输入国发生战争、革命、内乱而中止货物进口,造成合同无法履行等。

④经济风险。经济风险是指在生产和销售等经营活动中由于受各种市场供求关系、经济贸易条件等因素变化的影响或经营者决策失误,对前景预期出现偏差等,导致经营失败的

风险。比如生产的增减、价格的涨落、经营的盈亏等。

⑤技术风险。技术风险是指伴随着科学技术的发展、生产方式的改变,而威胁人们的生产与生活的风险。如核辐射、空气污染等。

(2)按风险的性质分类,可以将风险划分为纯粹风险和投机风险。

①纯粹风险。纯粹风险是指只有损失机会而无获利可能的风险。其所致结果有两种,即损失和无损失。

②投机风险。相对纯粹风险而言,投机风险是指既有损失机会又有获利可能的风险。其所致结果有三种,即损失、无损失和盈利。

(3)按风险产生的环境分类,可以将风险划分为静态风险和动态风险。

①静态风险。静态风险是指在社会经济正常情况下,自然力的不规则变化或人们的过失行为所致损失或损害的风险。静态风险多属于纯粹风险的性质。

②动态风险。动态风险是指由于社会经济、政治、技术以及组织等方面发生变动所致损失或损害的风险。

(4)按损失的范围分类,可以将风险划分为基本风险和特定风险。

①基本风险。基本风险是指非个人行为引起的损失或损害的风险,包括纯粹风险和投机风险。

②特定风险。特定风险是指风险的产生及造成的后果只与特定的人或部门相关的风险。通常是纯粹风险,只影响个人或个别企业和部门,且较易为人们所控制和防范。

(5)按风险的对象分类,可以将风险划分为财产风险、人身风险、责任风险和信用风险。

①财产风险。财产风险是指导致一切有形财产的损毁、灭失或贬值的风险。包括直接损失和间接损失。

②人身风险。人身风险是指导致人伤残、死亡、丧失劳动能力以及增加费用支出的风险。

③责任风险。责任风险是指个人或团体的疏忽或过失行为,造成他人财产损失或人身伤亡,依照法律、契约或道义应负法律责任或契约责任的风险。

④信用风险。信用风险是指在经济交往中,权利人与义务人之间由于一方违约致使对方遭受经济损失的风险。

二、保险概述

1. 保险的概念

一般从经济与法律两个方面来解释保险的定义。

从经济角度来看,保险是分摊意外事故损失的一种财务安排。投保人通过交纳保险费购买保险,实际上是将他的不确定的大额损失变成固定的小额支出。而保险人由于集中了大量同质风险,所以能借助大数法则来正确预见未来损失的发生额,并据此制定保险费率,通过向所有投保人收取保险费建立保险基金,来补偿少数被保险人遭受的意外事故损失。

从法律角度来看,保险是一种合同行为,是一方同意补偿另一方损失的一种合同安排,同意提供损失赔偿的一方是保险人,接受损失赔偿的另一方是被保险人。投保人通过承担支付保险费的义务,换取保险人为其提供保险经济保障(赔偿或给付)的权利,这正体现了民事法律关系主体之间的权利和义务关系。

《中华人民共和国保险法》(以下简称《保险法》)将保险的定义表述为:"保险,是指投保人根据合同约定,向保险人支付保险费,保险人对于合同约定的可能发生的事故因其发生所造成的财产损失承担赔偿保险金责任,或者当被保险人死亡、伤残、疾病或者达到合同约定的年龄、期限时承担给付保险金责任的商业保险行为"。

2. 保险的特征

保险的基本特征有:经济性、商品性、互助性、契约性和科学性五个方面。

(1)经济性。保险是一种经济保障活动。保险经济保障活动是整个国民经济活动的一个有机组成部分,其保障的对象财产和人身都直接或间接属于社会再生产中的生产资料和劳动力两大经济要素;其实现保障的手段,大多最终都必须采取支付货币的形式进行补偿或给付;其保障的根本目的,无论从宏观的角度还是微观的角度,都是为了发展经济。

(2)商品性。保险体现了一种等价交换的经济关系,也就是商品经济关系。这种商品经济关系直接表现为个别保险人与个别投保人之间的交换关系,间接表现为在一定时期内全部保险人与全部投保人之间的交换关系,即保险人出售保险,投保人购买保险的关系。具体表现为保险人通过提供保险保障,保障社会生产的正常进行和人们生活的安定。

(3)互助性。保险具有"一人为众,众为一人"的互助特性。保险在一定条件下,分担了个别单位和个人所不能承担的风险,从而形成了一种经济互助关系。这种经济互助关系通过保险人用多数投保人缴纳的保险费建立的保险基金对少数遭受损失的被保险人提供补偿或给付而得以体现。

(4)契约性。从法律角度看,保险是一种契约行为。保险双方当事人要建立保险关系,其形式是保险合同;要履行其权利和义务,其依据也是保险合同。

(5)科学性。现代保险经营以概率论和大数法则等科学的数理理论为基础。保险费率的厘定、保险准备金的提存等都是以精密的数理计算为依据的。

3. 保险的要素

保险关系的确立必须具备五大要素。

(1)可保风险的存在。风险的客观存在是保险产生和存在的前提条件,保险人承保的风险必须是符合保险人承保条件的特定风险即可保风险。一般来讲,可保风险应具备以下条件。

①风险必须是纯粹风险,即风险一旦发生成为现实的风险事故,就只有损失的机会,而无获利的可能。

②风险必须具有不确定性,风险的不确定性至少包含三层含义:

a. 风险发生与否是不确定的。

b. 风险发生的时间是不确定的。

c. 风险发生的原因和结果是不确定的。

③风险必须使大量标的均有遭受损失的可能。风险为大量标的所拥有,是可保风险的一个基本条件。它要求大量的性质相近、价值也大体相近的风险单位面临同样的风险。

④风险必须有导致重大损失的可能。风险的发生必须有导致重大损失的可能性,而这种损失是被保险人无力承担的。

⑤风险不能使大多数的保险对象同时遭受损失。这一条件要求损失的发生具有分散性,因为保险的目的,是以多数人支付的小额保费,赔付少数人遭遇的大额损失。

⑥风险必须具有现实的可测性。保险经营中,要求制订出准确的费率,而费率的计算依据是风险发生的概率及其所致标的损失的概率,这就要求风险具有可测性。

(2)大量同质风险的集合与分散。保险的过程,既是风险的集合过程,又是风险的分散过程。保险风险的集合与分散应具备两个前提条件:

①大量风险的集合体。一方面是基于风险分散的技术要求,另一方面是概率论和大数法则的原理在保险经营中得以运用的条件。

②同质风险的集合体。所谓同质风险,是指风险单位在种类、品质、性能、价值等方面大体相近。如果风险为不同质风险,那么损失发生的概率就不相同,风险也无法进行统一集合与分散。

(3)保险费率的厘定。保险在形式上是一种经济保障活动,而实质上是一种商品交换行为,因此,制定保险商品的价格,即厘定保险费率,便构成了保险的基本要素。为保证保险双方当事人的利益,保险费率的厘定要遵循公平合理、保证保障、稳定灵活、促进防损的基本原则。保险费率的厘定还应以完备的统计资料为基础,运用科学的计算方法。

(4)保险基金的建立。保险赔偿与给付的基础是保险基金。保险基金是用以补偿或给付因自然灾害、意外事故和人体自然规律所致的经济损失和人身损害的专项货币基金。保险基金具有来源的分散性与广泛性、总体上的返还性、使用上的专项性、赔付责任的长期性和运用上的增值性等特点。

①保险基金的意义。

a.保险基金是保险业存在的现实的经济基础。

b.保险基金制约着保险企业的业务经营规模。

c.保险基金是保证保险企业财务稳定性的经济基础。

②保险基金的构成。保险基金由开业资金和保险费两部分构成。开业资金是保险企业开业之初所需的一定数额的资金,保险费是投保人为获得保险人的保险经济保障而交付的费用,是构成保险基金的主要部分。

③保险基金的存在形式。保险基金是以各种准备金的形式存在的,就财产保险与责任保险准备金而言,表现为未到期责任准备金、赔款准备金、总准备金和其他准备金几种形式;就人身保险准备金而言,主要以未到期责任准备金形式存在。

(5)保险合同的订立。

①保险合同是体现保险经济关系存在的形式。保险作为一种经济关系,是投保人与保险人之间的商品经济交换关系,这种经济关系需要有法律关系对其进行保护和约束,订立保险合同是保险经济关系得以成立的基本要素。

②保险合同是保险双方当事人履行各自权利与义务的依据。为了获得保险保障,投保人要承担缴纳保险费的义务;保险人收取保险费的权利就是以承担赔偿或给付被保险人的经济损失的义务为前提的。这要求保险人与投保人应在确定的法律或契约关系约束下履行各自的权利与义务。

4.保险的分类

保险分类是指保险种类的划分,即按照一定的标准对保险业务进行归类。

(1)按保险标的分类。这种分类方法是一种最常见、最普遍的分类方法,按照这一标准可将保险分为财产保险、人身保险、责任保险和信用保证保险四大类。

①财产保险。财产保险是以财产及其有关利益为保险标的的一种保险。当保险财产遭受保险责任范围内的损失时,由保险人提供经济补偿。

②人身保险。人身保险是以人的寿命和身体为保险标的的保险。保险人对被保险人在保险期间因意外事故、疾病等原因导致死亡、伤残,或者在保险期满后,根据保险条款的规定给付保险金。

③责任保险。责任保险是以被保险人依法应负的民事损害赔偿责任或经过特别约定的合同责任作为保险标的的保险。即对被保险人由于疏忽、过失行为造成他人的财产损失或人身伤亡,根据法律或合同的规定,应对受害者承担的经济赔偿责任,由保险人提供经济赔偿。

④信用保证保险。信用保证保险是以各种信用行为为保险标的的保险。当义务人不履约而使权利人遭受损失时,由保险人提供经济赔偿。凡义务人应权利人的要求向保险人投保自己的信用的保险属于保证保险;凡保险人应权利人的要求担保义务人的信用的保险属于信用保险。

(2)按风险转嫁形式分类。按这种分类法可将保险划分为原保险、再保险、共同保险和重复保险。

①原保险。原保险是投保人与保险人之间直接签订保险合同而建立保险关系的一种保险。在原保险关系中,保险需求者将其风险转嫁给保险人,当保险标的遭受保险责任范围内的损失时,保险人直接对被保险人承担损失赔偿责任。

②再保险。再保险也称分保,是保险人将其所承保的风险和责任的一部分或全部,转移给其他的保险人的一种保险。转让业务的是原保险人,接受分保业务的是再保险人。这种风险转嫁方式是保险人对原始风险的纵向转嫁,即第二次风险转嫁。

③共同保险。共同保险也称共保,是由几个保险人联合直接承保同一标的或同一风险而保险金额不超过保险标的的价值的保险,在发生赔偿责任时,其赔偿按照保险人各自承保的金额比例分摊。与再保险不同,这种风险转嫁方式是保险人对原始风险的横向转嫁,它仍属于风险的第一次转嫁。

④重复保险。重复保险是指投保人以同一保险标的、同一保险利益、同一保险事故分别与两个以上保险人订立保险合同的一种保险。与共同保险相同,重复保险也是保险人对原始风险的横向转嫁,也属于风险的第一次转嫁。只不过在大多数情况下,重复保险的保险金额总和超过保险价值,因此,这时各保险人的赔偿金额要按一定标准进行分摊。

(3)按投保单位分类。按这种分类法,保险可分为团体保险和个人保险。

①团体保险。团体保险是以集体名义签订保险合同,由保险人向团体内的成员提供保险保障的保险。

②个人保险。个人保险是以个人的名义向保险人投保的保险。

(4)按实施方式分类。按这种分类法,保险可分为法定保险和自愿保险。

①法定保险。法定保险又称强制保险,它是由国家(政府)通过法律或行政手段强制实施的一种保险。法定保险的保险关系不是产生于投保人与保险人之间的合同行为,而是产

生于国家或政府的法律效力。

②自愿保险。自愿保险是在自愿原则下，投保人与保险人双方在平等原则的基础上，通过订立保险合同而建立的保险关系。

(5) 按经营的性质分类。按这种分类法可将保险分为营利保险和非营利保险。

①营利保险。营利保险是指保险业者以盈利为目的经营的保险。商业性保险属于营利保险，保险经营者按照营利原则开展业务，将其经营所得的利润或节余进行分配。

②非营利保险。非营利保险是指不以盈利为目的的保险。非营利保险一般是出于某种特定的目的，由政府资助营运，以保证经济的协调发展和安定社会秩序为目标而实施的保险保障计划。

5. 保险的职能

保险的职能有基本职能与派生职能之分，基本职能是保险的原始与固有的职能，不因时间的变化和社会形态的不同而改变。派生职能是随着保险内容的丰富和保险种类的发展，在保险基本职能的基础上产生的新职能。

(1) 保险的基本职能即保险的经济保障功能，具体表现为保险补偿的职能和保险给付的职能。

①保险补偿的职能。保险是在特定灾害事故发生时，在保险的有效期和保险合同约定的责任范围以及保险金额内，按其实际损失数额给予赔付。这种赔付原则使得已经存在的社会财富因灾害事故所致的实际损失在价值上得到了补偿，在使用价值上得以恢复，从而使社会再生产过程得以连续进行。

②保险给付的职能。由于人的价值是很难用货币来计价的，所以，人身保险是经过保险人和投保人双方约定进行给付的保险。因此，人身保险的职能不是损失补偿，而是定额给付。

(2) 保险的派生职能主要是指保险的投资职能与防灾防损职能。

①保险的投资职能。即保险融通资金的职能或保险资金运用的职能。由于保险的补偿与给付的发生具有一定的时差性，这就为保险人进行资金运用提供了可能。同时，保险人为了使保险经营稳定，必须保证保险基金的保值与增值，这也要求保险人对保险资金进行运用。

②保险的防灾防损职能。防灾防损是风险管理的重要内容，保险本身就是风险管理的一项重要措施。保险企业为了稳定经营，要对风险进行分析、预测和评估，通过人为的事前预防，可以减少损失的发生。而且，防灾防损作为保险业务操作的环节之一，始终贯穿在整个保险工作之中。

6. 保险的作用

(1) 保险的宏观作用。保险的宏观作用是指保险对全社会，对国民经济总体所产生的经济效应。

①保障社会再生产的正常运行。

②有助于财政收支计划和信贷收支计划的顺利实现。

③有利于对外经济贸易发展，平衡国际收支。

④有利于科学技术向现实生产力的转化。

(2)保险的微观作用。保险的微观作用是指保险对企业、家庭和个人所起的保障作用。
①有助于受灾企业及时恢复生产。
②有利于企业加强经济核算。
③有利于提高企业风险管理的意识。
④有利于安定群众生活。
⑤有利于促进个人或家庭消费的均衡。

三、汽车保险概述

1. 汽车保险概述

汽车保险是我国财产保险中的第一大险种。这里的汽车是指经交通管理部门检验合格、核发有效行驶证和号牌的机动车辆,包括各种汽车、挂车、无轨电车、农用运输车、摩托车、轻便摩托车、运输用拖拉机和轮式专用机械车等。汽车保险是承保汽车因遭受自然灾害或意外事故造成的车辆本身及相关利益的损失和采取施救保护措施所支付的必要合理费用,以及被保险人对第三者人身伤害、财产损失依法应负的民事赔偿责任。汽车保险按保险标的不同分为车辆损失保险和第三者责任保险两大类。

2. 汽车保险的作用

汽车保险能够切实保障汽车保险的被保险人和交通事故受害者在汽车发生保险责任事故,造成车辆本身损失及第三者人身伤亡和财产损坏或损失时,得到经济补偿,最大限度地减少所造成的损失,能够促使交通事故损害赔偿纠纷的及时解决,促进社会的稳定。

(1)汽车保险可以分担运输企业和个人的风险,使企业的经营活动得以顺利进行。汽车保险是汽车运输企业正常经营的一个不可或缺的重要环节。

(2)汽车保险可以在被保险车辆发生交通事故,造成第三者人身伤亡和财产损坏或损失时,使被保险人和交通事故受害者得到经济补偿,促使交通事故损害赔偿纠纷得以及时解决,促进社会的稳定。

(3)汽车保险可以减少事故的发生,降低事故发生率。世界各国对汽车保险业务一般都有严格的监管规定,尤其对其中的第三者责任险,绝大部分国家通过立法的形式,将其规定为法定保险。

(4)汽车保险可以促进汽车工业发展。汽车保险业务自身的发展对于汽车工业的发展起到了有力的推动作用,汽车保险的出现,解除了企业和个人对在使用汽车过程中可能出现的风险的担心,扩大了对汽车的需求。此外,汽车消费贷款保证保险和汽车售车信用保险对促进汽车消费有重要作用。

(5)汽车保险可以扩大保险利益。汽车保险条款一般规定:被保险车辆在发生保险事故时,只要驾驶人是被保险人允许的合格驾驶人,保险人都要承担赔偿责任,此规定是为了对被保险人和第三者提供更充分的保障,并非是对保险利益原则的违背。但如果在保险合同有效期内,保险车辆转卖、转让、赠送他人,被保险人应当书面通知保险人并申请办理批改。否则保险事故发生时,保险人对被保险人不承担赔偿责任。

3. 汽车保险的重要性

汽车保险已成为与人们生活息息相关的一种保险。一方面,汽车保险的被保险人范围越来越广泛,汽车保险不再是以企业和单位为主要对象的业务,而逐步发展成为以个人为主要对象的业务。另一方面,由于交通的日益发达,日常生活中的每个人都是交通活动的参与者,都有可能面临交通意外。汽车保险,尤其是第三者责任保险在稳定社会关系和维护社会公共秩序方面的特殊作用,使其不仅是一种经济活动,而逐步成为社会法制体系的一个组成部分。另外,汽车保险业务在整个财产保险业务领域占有十分重要的地位。

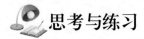 思考与练习

1. 风险与保险的区别与联系是什么?
2. 什么是风险组成的三要素,它们相互间的区别和联系是什么?

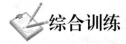 综合训练

根据自己对风险及风险要素的理解绘制风险结构图。

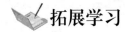 拓展学习

自学"风险管理"及"保险的产生与发展"的知识。
相关网站链接:
http://www.circ.gov.cn/web/site0/
http://wenku.baidu.com/

学习单元 2　　汽车保险法律法规

 学习目标

通过本单元的学习,应能:
1. 知道与汽车保险有关的法律法规;
2. 认识《中华人民共和国保险法》、保险合同法、保险业法;
3. 认识《中华人民共和国道路交通安全法》和《中华人民共和国道路交通安全法实施条例》;
4. 知道保险争议解决的法律途径。

 学习时间

10 学时。

【案例导入】

吴某在下班途中被王某驾驶的机动车撞伤,双方未达成赔偿协议。为赔偿问题,吴某将王某及为其车辆承保的保险公司告上法庭,要求两被告赔偿。经法院审理,双方达成了调解协议,由保险公司赔偿医药费、护理费、误工费等损失 37 000 元,王某赔偿 1 500 元。事故发生后,吴某同时向市劳动和社会保障局申请工伤认定,经市劳动和社会保障局认定,吴某因交通事故受伤构成工伤。吴某受伤情况经市劳动能力鉴定委员会鉴定为九级伤残。由于吴某所在单位未为吴某交纳工伤保险金,吴某遂申请劳动仲裁,要求用人单位承担工伤保险责任,并终止劳动关系。市劳动争议仲裁委员会作出裁决后,该用人单位不服,认为仲裁裁决未扣除吴某在交通事故赔偿案件中已获赔的医疗费等费用,遂向市人民法院提起诉讼。

在该案例中,劳动者在获得交通事故肇事者的赔偿后,是否可以要求用人单位承担工伤保险责任?法院应如何判决?

用人单位以外的第三人侵权造成劳动者损害的,侵权人已对劳动者(受害人)进行了赔偿,并不影响受害人享受工伤待遇,因此对用人单位提出吴某享受工伤待遇时应扣除交通事故侵权人已赔部分的主张法院依法不予支持。因用人单位没有为吴某缴纳工伤保险费,故吴某享受的工伤待遇应当由用人单位直接支付。最终法院判决,用人单位承担医疗费、护理费、一次性工伤医疗补助金、一次性伤残就业补助金、一次性伤残补助金等。

在汽车保险事故中,涉及保险相关法律法规的案例比较多。我们应当怎样分析责任呢?与汽车保险有关的法律法规又有哪些呢?

一、与汽车保险有关的法律法规体系

在汽车保险中,以《保险法》、《中华人民共和国道路交通安全法》(以下简称《道路交通安全法》)及它们配套的法律、行政法规为核心,以相关部门的相关规定为补充,组成相互统一、密切联系的法律体系。即汽车保险的法律依据主要为《保险法》《道路交通安全法》。在保险实务中还涉及《中华人民共和国民法通则》(以下简称《民法通则》)、《中华人民共和国经济合同法》(以下简称《经济合同法》)、《中华人民共和国公司法》、《中华人民共和国刑法》等法律,以及其他一系列的法规,如:《机动车辆保险监制单证管理规定》《保险代理人管理规定》《保险经纪人管理规定》《保险公估人管理规定》《保险机构高级管理人员任职资格管理暂行规定》《保险公司管理规定》《机动车辆保险条款解释》《机动车辆保险费率解释》及《保险公估机构管理规定》等。

在汽车保险事故的处理过程中,一定要准确应用法律、法规,妥善处理保险人与被保险人之间的利益关系。

二、保险法

1. 保险法的基本构成

保险法主要包括保险业法、保险合同法和其他方面的保险特别法。它们分别调整不同领域和不同范围内的保险关系,并且构成保险法律体系。

2. 保险合同法

保险合同法是保险法的重要组成部分和基础。保险合同法是规范保险双方当事人、关系人权利义务的法律、法规的总称,调整的是保险合同关系。

保险合同法的内容范围规定了保险合同的基本原则,保险合同的基本内容,保险合同的订立、履行、变更、解除或终止以及保险合同纠纷的处理等事项。

目前,我国尚无一部独立的保险合同法,但逐步形成和确立了保险合同法的基本体系和内容。《经济合同法》和《中华人民共和国财产保险合同条例》,对财产保险合同都作了具体规定。《中华人民共和国海商法》(以下简称《海商法》)对海上保险合同列专章进行了规定。上述法律和法规,初步形成了我国保险合同法基本内容和体系。1995年6月30日颁布并于2002年、2009年、2014年、2015年修订的《保险法》对保险合同从一般规定、财产保险合同和人身保险合同三方面作了较为全面系统的规定,从而确立了中国保险合同法的基本体系和内容。

3. 保险业法

保险业法是对保险企业进行管理和监督的法律、法规的总称。保险事业的健康发展,不仅与广大被保险人及其关系人密切相关,而且对国民经济的稳定和社会安定有重大影响,所以必须以法律的形式进行规范约束,这是由于:

(1)保险公司的设立与经营,既关系到众多经济组织企业能否顺利进行生产和经营活动,又涉及广大人民群众的利益。

(2)保险业各种组织之间存在着分工协作和竞争等关系,国家必须通过立法来规范它们的行为、协调它们的关系,保证保险市场健康发展。

(3)国家保险监督管理部门对保险业的监督管理,也必须依法进行。保险业法是保险监督管理部门行为规范化的依据。

目前,我国对境内保险企业进行管理和监督的主要法律依据是1995年6月30日颁布并于2002年、2009年、2014年和2015年四次修订的《保险法》以及2001年1月3日发布并于2004年、2009年和2015年三次修订的《保险公司管理规定》,这两部法律法规对我国保险企业的设立、保险公司的经营范围、保险企业的偿付能力、保险准备金和再保险等,都有具体的规定和法律要求。另外,中外合资保险公司、外商独资保险公司在中国境内的分公司在其设立、业务范围和终止与清算上,还要符合《中华人民共和国外资保险公司管理条例》及其细则的要求。

4. 保险特别法

保险特别法是指保险合同法之外,具有商法性质的,规范某一特殊保险关系的法律法规,它一般不超过保险合同法的原则规定,但更为具体、细致,是各种具体保险经营活动的直接依据。如《海商法》中的海上保险内容,是专门规范有关海上保险的各种法律规定;《简易人身保险法》是专门规范有关人身保险合同关系的保险特别法。

5. 保险法的调整对象

保险法以保险关系为调整对象。保险法主要由保险合同法、保险业法构成,而保险关系体现为保险合同关系和保险监管关系,因此,保险合同法以保险合同关系为调整对象,保险业法则以保险监管关系为调整对象。

(1)保险合同主体之间形成的保险合同关系是保险合同法的调整对象。保险作为一种商品或劳务是通过保险人与投保人签订保险合同的方式提供的。利用合同这种法律形式可以充分反映当事人双方的真实意愿,同时针对未来可能发生的争议,合同制度可以充分证明和保护当事人拥有来自合同的权利。并且,调整保险人与投保人、被保险人、受益人之间以及因保险代理、保险经纪和保险公估活动等产生的保险合同主体之间的保险合同关系的保险合同法,构成了保险法的核心内容。

保险合同法在《保险法》中共有三节内容,包括合同的一般规定、人身保险合同和财产保险合同。

(2)国家及其授权机构对保险经营者的监管关系是保险业法的调整对象。保险业的不断发展使其成为日益影响社会公众利益的重要部门。因此,为了确保其充足的偿还能力,充分发挥保险的经济补偿职能及"社会稳定器"的作用,保证保险业务开展的公平交易和优质服务,保证保险双方的合法利益,制裁保险市场中各种不正当竞争行为和非法行为,维护保险市场的正常秩序,必然产生国家对保险机构的监管关系。这种监管关系在我国主要包括机构监管关系、业务监管关系和财务管理关系。

《保险法》涉及的"保险公司""保险经营规则"和"保险业的监督管理"的内容主要就是调整国家及其授权机构对保险公司的保险监管关系的保险业法。

6. 保险法的立法目的

我国保险法的立法目的是:规范保险活动,保护保险活动的当事人的合法权益,加强对保险业的监督管理,促进保险事业的健康发展。

(1)规范保险活动。《保险法》从国家立法的角度来讲,是为了使我国保险市场的各个市场主体的活动有法可依、违法必究,运用法律手段规范各市场主体的行为。

(2)保护保险活动当事人的合法权益。《保险法》明确各个保险活动当事人必须站在平等的立场上,不允许一方限制他方权利,也不允许一方依据经济上或行政上的优势,向对方发号施令,要求双方必须平等地享有权利并承担义务。保险活动双方当事人的合法权益都受到《保险法》的保护。

(3)加强对保险市场的监督管理。保险是经营风险的行业,其职能决定了它与社会上几乎所有法人和自然人有密切联系,保险业的健康经营直接关系到整个社会秩序的稳定和人民生活的安定;其次,保险业具有很强的专业性,当保险市场竞争激烈时,易导致保险公司为争取业务而盲目降低费率、提高佣金,削弱自身偿还能力,最终损坏被保险人利益,或保险市场形成垄断而随意提高保险费,增加投保人负担。因此,对保险业实施严格的监管,目标是建立一整套严格的宏观监督调节机制,在制度上保证保险具有良好的社会效益,而在制度构建中,保险立法是关键和基础性的环节。

(4)促进保险事业的健康发展。《保险法》的制定、出台和实施,可以规范保险活动,保护保险活动当事人的合法权益;通过保险立法及其实施加强对保险业的监督管理,才可能最终实现保险业的健康发展。

7.保险法的适用范围

法的适用范围是指法律的效力范围,包括其在时间上的效力、在空间上的效力、在对人的效力以及种类上的效力。

(1)保险法在时间上的适用范围。保险法在时间上的适用范围也就是保险法在时间上所具有的效力。一般来说,法律的效力自实施之日发生,至废止之日停止。保险法一般规定了其实施时间,保险法效力的终止日,多数立法不加规定,一般直至法律明文废止、修改时,或新的相关法律规范颁布时才停止效力。即按照法律"新法优于旧法"的原则,在新的法律、法规生效后,原有的法律、法规的效力自然终止。

(2)保险法在空间上的适用范围。法律的空间效力是指地域效力,即法律在哪个范围内有效。《保险法》遵循的是法律上的属地原则(属地原则是指对所管辖地区内的一切人,不论其是本国人或是外国人,法律都具有效力),即《保险法》适用于中华人民共和国的领土、领海、领空以及根据国际法、国际惯例应视为我国的一切领域,凡是在我国境内从事保险活动的公民、法人和其他组织,都要受到《保险法》的约束。

(3)保险法对象的适用范围。法律的对人的效力,是指法律对哪些人具有效力。《保险法》适用于在我国境内从事保险活动的公民、法人和其他组织。作为中华人民共和国境内从事保险活动的人,既包括投保人、被保险人和受益人等保险需求者,也包括保险代理人、保险经纪人和保险公证人等保险中介者,甚至还包括保险监管者——保险监督管理委员会的监督人员。

(4)保险法在种类上的适用范围。《保险法》适用于商业保险,商业保险是保险人双方当事人自愿订立保险合同,以投保人交付保险费为条件,由保险人对保险事故进行偿付的一种经济保障制度。由于海上保险的特殊性,许多国家和地区,用单行的《海上保险法》来调整海上关系,我国在《海商法》单列一章进行规范约束的方式,所以,《保险法》在《海商法》未规定的前提下,适用于海上保险;《保险法》不适用于农业保险,农业保险在世界各国都属于政策性保险,它不以营利为目的,而以国家的大力扶持为发展的前提条件。

8. 保险法的基本原则

保险法的基本原则是指集中体现保险法的本质和基本精神,主导整个保险法体系,为保险法调整保险关系所应遵循的根本准则,也是保险立法、执法和司法所应遵循的基本原则。

《保险法》规定了以下几项原则。

(1) 遵守法律及行政法规的原则。《保险法》规定,从事保险活动必须遵守法律、行政法规。法律及行政法规是国家为维护社会经济生活的正常、合理的秩序而制定的,任何公民、法人及其组织在进行民事活动、经济活动时,都必须遵守法律及行政法规,才能受到法律的保护,任何违反法律、行政法规的行为,都将受到法律的制裁,保险行为也不例外。

(2) 遵守自愿原则。《保险法》规定,从事保险活动必须遵循自愿原则。除法律、行政法规规定必须保险的以外,保险公司和其他单位不得强制他人订立保险合同。可见,我国的保险立法十分重视保险的自愿原则。投保人和保险人订立保险合同,应当遵循自愿订立的原则。

自愿原则是指保险双方当事人在从事保险活动时应当表达真实的意思,在法律、行政法规允许的范围内,根据自己的意愿订立、变更和终止保险法律关系的原则。民事主体订立保险合同应遵循平等互利、协商一致的原则,充分表达自己的真实意愿,才符合自愿原则的要求。

(3) 遵循诚实信用的原则。《保险法》规定,从事保险活动必须遵循诚实信用的原则。诚实信用原则是指民事主体在保险活动中,为维护保险双方当事人的利益,必须诚实、守信用,不得隐瞒欺骗。任何一方对诚实信用原则的违背,都是对保险法的违背。

诚实信用原则是社会道德规范在法律上的体现。《保险法》规定诚实信用原则,既符合《民法通则》的规定(民事活动应当遵循诚实信用原则),又符合保险的以下几个特点:

①保险人在承保时,通常是根据投保人或被保险人对保险标的(保险标的是指作为保险对象的财产及其有关利益,或者人的寿命或身体)风险状况的陈述,决定是否承保,而且保险标的在参保后一般仍由被保险人控制。因此,投保人、被保险人等保险参与人是否诚实守信,直接影响到保险人的承保风险状况。

②保险公司的情况投保人较难掌握,保险合同的条款和费率专业性、技术性很强,投保人、被保险人较难理解。如果保险人不诚实、不守信用,被保险人、受益人的合法权益就难以得到保障。

所以按照诚实信用原则的要求,从事保险活动的民事主体,在保险合同的订立和履行过程中,都必须诚实、守信用地履行义务并行使权利。保险公司、保险中介人还须以诚信为原则,依法自觉接受主管机关的监督管理。

(4) 遵守专业经营原则。专业经营原则是指经营商业保险业务公司,必须是按照本国保险法律规范设立的专业公司。其他单位和个人不得经营商业保险业务。这也是一条国际通行原则。《保险法》对保险公司作了较严格的规定,即设立保险公司必经保险监督管理部门批准,必须有相应的资本金、具备若干条件等。

规定专业经营原则是由保险的特殊性决定的。这是由于:

①保险公司是负债经营,保险基金是对全体被保险人的负债,一旦保险公司经营不善甚

至破产,会损害广大被保险人的利益,甚至影响到社会的安定。

②保险业具有很强的专用性和技术性,必须经过严格审查具备法定资格的公司才能经营商业保险。

③保险公司之间以及保险业的各种组织之间存在着分工协作或竞争等关系,为了协调它们之间的关系,规范它们的行为,保障保险市场的健康发展,需要坚持专业经营原则。

(5)遵循境内投保原则。《保险法》规定,在中华人民共和国境内的法人和其他组织需要办理境内保险的,应当向中华人民共和国境内的保险公司投保。这里的"境内"包括三层含义:

①"境内"约束的对象是作为投保人的法人和其他组织,这里的法人和其他组织既包括我国境内的中国法人和非经济组织,又包括我国境内的外国法人和其他组织。

②"境内"主要是指投保标的是坐落或存放于我国境内的固定资产或流动资产。

③"境内"是指经营场所在我国境内的保险公司,既包括我国的民族资本保险公司(或称中资保险公司),又包括中外合资保险公司和外国保险公司在我国境内设立的分公司。

(6)遵循公平竞争原则。《保险法》规定,保险公司开展业务,应当遵循公平竞争原则,不得从事不正当竞争。公平竞争是指竞争主体之间在价格公正、手段合法、条件平等的前提下展开的竞争。

《保险法》将公平竞争原则用法律的形式予以规定,有助于维护保险市场秩序,纠正、减少或避免保险市场上的无序而混乱的竞争,保护广大被保险人的合法权益,避免保险人之间的"自杀"性竞争,将保险市场行为纳入规范化、法制化的轨道。

我国颁布的《中华人民共和国反不正当竞争法》,具体规定了一系列应该严格禁止的不正当竞争行为。据此,保险公司和保险中介人既要遵循《保险法》规定的公平竞争原则,又要遵守《中华人民共和国反不正当竞争法》,自觉维护公平竞争,反对不正当竞争,促进保险市场的健康发展。

三、保险合同法

1. 保险合同的概念

合同是当事人之间确立、变更、终止民事权利、义务关系的协议。保险合同作为合同的一种,是投保人与保险人约定保险权利、义务关系的协议。

投保人和保险人作为依照保险合同建立的保险法律关系的双方当事人,其法律地位是平等的,任何一方不得把自己的意志强加给对方。双方达成的保险合同具有法律约束力,任何单位和个人不得干预。按照保险合同,投保人应向保险人交付约定的保险费,保险人则应在约定的保险事故发生时,履行赔偿或给付保险金的义务。

2. 保险合同的法律特征

保险合同是合同的一种,而且根据保险合同所调整的保险法律关系在经济生活中的地位和作用,保险合同又属于合同法所调整的经济合同的一种,但保险经济合同是一种较为特殊的经济合同。因此,保险合同既具有一般经济合同所共有的法律特征,又具有自身特有的法律特征。

(1)保险合同的一般法律特征。保险合同是经济合同的一种,因此,与一般经济合同具有相同之处，具体表现在：

①保险合同是当事人双方的法律行为。保险合同的当事人须意思表示一致，达成协议，合同才能成立。

②保险合同当事人在签订合同时所处的法律地位是平等的。保险合同当事人在保险合同订立过程中均可以自由表示自己的意志，任何一方对另一方的限制与强迫，都违背合同自愿的原则，由此签订的合同无法律效力。

③保险合同是合法的法律行为。保险合同能够发生法律效力，受到国家法律的保护，是因为所签订的保险合同是合法的。因此订立保险合同时，无论是内容还是主体、客体，都必须符合国家法律、法规或有关规定。

④保险合同的当事人必须是具有行为能力的自然人或法人。只有具备完全行为能力的当事人，才能理智、审慎地处理自己的事务，既通过自己的行为取得法律所赋予的权利，也如约履行自己的义务。

（2）保险合同独有的法律特征。保险合同是一种特殊的经济行为。因此，它具有不同于一般经济合同的特殊法律特征：

①保险合同是双务有偿合同。双务合同是当事人双方相互享有权利、承担义务的合同，保险合同是典型的双务合同，保险双方中一方享有的权利正是另一方承担的义务，双方互为对价关系（对价，其含义是合同中任何一方权利的取得，都应该给付对方当事人认可的相对应的代价）。

保险合同又是有偿合同，合同的双方当事人既享有权利，又承担相应的义务。在保险合同中，投保人以支付保险费为代价换取保险人承担风险的承诺，如无此代价，则保险合同不生效。

②保险合同是要式合同。要式合同是指需要采取特定方式才能成立的合同，即需要履行特定的程序或采取特定的形式才能成立的合同，如必须做成书面形式的，需要签证、公证或经有关机关批准登记才能生效的合同。由于保险合同的成立标志着保险双方权利义务的确立，关系重大，因而《保险法》中明文规定："双方就合同条款达成协议，保险人应及时向投保人签发保险单或其他保险凭证，并在保单或其他保险凭证中载明当事人双方约定的合同内容。"

③保险合同是附和合同。由于保险业的自身特点，使保险合同趋于定型化、技术化、标准化。保险合同的主要条款多由保险人事先拟定并统一印制出来，投保人对其内容若同意则投保，即使有必要变更保单的内容，也只能采用保险人事先准备的附加条款。也就是说，对于保险人单方面制订的保险合同内容，投保人一般只能作出"取或舍"的决定，因此，保险合同是附和合同。

④保险合同是射幸合同。射幸，就是侥幸、碰运气的意思。保险合同之所以是射幸合同，是因为就单个保险合同而言，在订立保险合同之时，投保人交纳保费换取的只是保险人的承诺，而保险人是否进行实际的赔偿或给付，则要以约定的保险事故是否发生而定，所以，就单个保险合同而言，保险合同具有射幸性。

⑤保险合同是最大诚信合同。"重合同，守信用"是任何经济合同的双方当事人都必须遵循的原则。而保险合同需要双方当事人的诚信程度更甚于其他合同，因为保险人决定是

否和以什么条件承保,很大程度上是以投保人或被保险人的申报和保证事项为依据的。如果投保人或被保险人不如实申报保险标的的风险情况,由此签订的合同就缺乏公平性,会影响保险人的合法权益。另一方面,保险合同是保险人单方面拟定的,投保人可能对保险合同的有关内容不熟悉,保险人及其代理人在进行展业宣传时,也应把保险合同内容(如保险责任、除外责任)如实告知其展业对象,因此保险合同具有最大诚信合同的法律特征。

3. 保险合同的主体

保险合同的主体是指进行保险活动、参加保险法律关系并享有权利和承担义务的人。在保险法律关系中,保险合同是联结双方当事人的纽带,保险合同当事人既享有权利,又承担义务,双方互为权利主体和义务主体,当事人这种双重主体的身份是由保险法律关系的双方有偿性决定的。

(1)保险合同的当事人,如图2-1所示。

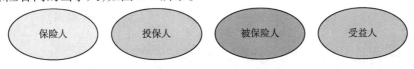

图2-1 四种保险合同的当事人

①保险人。保险人又称承保人,《保险法》规定:"保险人是指与投保人订立保险合同,并承担赔偿或者给付保险金责任的保险公司。"因此,保险公司与投保人签订保险合同以后,即成为保险合同的一方当事人,享有收取保险费的权利,并向被保险人承担赔偿损失或者给付保险金的义务。作为保险法律关系的主体,保险人具有以下法律特点。

a. 保险人是保险基金的组织、管理和使用人。保险人通过收取保险费而建立保险基金,经营保险业务,而保险基金的分配和运用应严格按照有关规定办理。

b. 保险人应当是依法成立并允许经营保险业务的保险公司。由于保险事业涉及社会公共利益,《保险法》规定,设立保险公司,必须经保险监督管理部门批准。在《保险法》中关于"保险公司"有进一步的规定:保险公司应当采取股份有限公司或国有独资公司的形式。设立保险公司,经营保险业务,必须符合法定条件,得到国家保险主管部门的批准,取得经营保险业务许可证,并凭经营保险业务许可证向工商行政管理机关办理登记,领取营业执照。

c. 保险人是履行赔偿损失或者给付保险金义务的人,保险人的这种义务不是因侵权或者违约发生的,而是依据法律规定或者保险合同确定的义务。

为配合《保险法》的实施,中国保险监督管理委员会于2000年1月制定并于2004年、2009年和2015年修订了《保险公司管理规定》。《保险公司管理规定》共分7章,即总则、保险机构、保险经营、保险条款和保险费率、保险资金及保险公司偿还能力、监督检查、附则。这是我国对保险企业监管的法律依据。

②投保人。《保险法》规定:"投保人是指与保险人订立保险合同,并按照保险合同负有支付保险费义务的人。"可见,作为投保人必须承担交付保险费的义务。

不仅如此,无论是法人、个人作为投保人,都必须是有行为能力的人,即完全民事行为能力人。涉及无民事行为能力人或限制民事行为能力人,其自行签订的保险合同无效,但由其代理人或依法征得同意的,保险合同有效。另外,投保人对保险标的应具有法律上承认的利益,即保险利益,否则,保险合同无效。

③被保险人。被保险人是受保险合同保障的人,是以其财产、寿命或身体为保险标的,在保险事故发生时,享有赔偿或给付保险金请求权的人。在财产保险中,被保险人是保险标的的所有人或具有利益的人;在人身保险中,被保险人就是保险的对象。被保险人与投保人的关系有以下两种情况:

a. 投保人为自己的利益订立的保险合同,既是投保人,同时又是被保险人,如财产保险中,投保人以自己的财产为保险标的订立保险合同。

b. 投保人为他人的利益订立保险合同,投保人与被保险人相分离,只要投保人对于被保险人具有法定的保险利益或经被保险人同意,就可以为被保险人订立保险合同,但财产保险合同中,投保人以他人的财产,用自己的名义订立保险合同的较为少见,即使有也要两者之间存在一定的法律关系。

④受益人。受益人是指人身保险中由被保险人或者投保人指定的,在保险事故发生时享有保险金请求权的人,被保险人和投保人都可以成为受益人。投保人指定受益人要经被保险人同意。

(2)保险合同的辅助人,如图 2-2 所示。保险合同的辅助人是指辅佐、帮助保险双方当事人订立及履行保险合同的人。它通常包括保险代理人、保险经纪人和保险公证人。在我国一般又将保险合同的辅助人称为保险中介人。

图 2-2　三种保险合同的辅助人

①保险代理人。根据《保险法》规定:"保险代理人是根据保险人的委托,向保险人收取代理手续费,并在保险人授权的范围内代为办理保险业务的单位或者个人。"保险代理是一种民事委托代理,保险代理关系是一种民事法律关系。保险代理人既具有委托代理的一般特征,又具有保险的特征。保险代理人的法律特征具体表现在:

a. 保险代理人必须以被代理人的保险人的名义实施法律行为。在代理关系中,保险代理人必须以被代理人的名义进行活动,才能取得相应的权利和承担相应的义务。

b. 保险代理人必须在保险人的授权范围内进行活动。保险代理产生于保险人的代理授权书或保险人与代理人签订代理合同引起的保险人委托授权,代理人代理被代理人属于法律行为,具有代理权,并在代理权限内从事活动;没有代理权而以他人名义进行的法律行为,或者超越代理权以被代理人的名义进行的法律行为,应自己承担相应的法律后果。

c. 保险代理人的代理行为具有法律意义。保险代理人以保险人的名义与投保方进行的行为,是具有法律意义的行为,能产生法律后果。

d. 保险代理人代理行为的法律后果由代理人承担。保险代理人在代理权限内产生的行为在法律上视为保险人自己的行为,代理行为产生的责任和后果由被代理人承担。

e. 保险代理人的法律行为既受民法的调整,又受保险法律法规的制约。《民法通则》规定:"代理人在代理权内,以被代理人的名义实施民事法律行为。被代理人对代理人的代理行为,承担民事责任。"保险代理人具备民事代理人的一切法律特征,保险代理人的代理行为的法律后果由保险人承担,保险代理人的行为是由民法调整的民事法律行为,应该遵循民法的基本规则。

同时,由于保险代理人主要是代理保险人办理保险业务,保险业务具有很高的专业性、技术性和社会性,保险代理人的代理行为还必须受到保险法律、法规的约束。我国《保险法》规定:"保险代理人、保险经纪人应当具备保险监督管理机构规定的资格条件,并取得保险监督管理机构颁发的经营保险代理业务许可证或者经纪业务许可证,向工商行政管理机关办理登记,领取营业执照,并缴存保证金或者投保职业责任保险。"

为配合《保险法》贯彻实施,中国人民银行制定了《保险代理人管理暂行规定》,中国保险监督管理委员会颁布了《保险代理机构管理规定》,以规范约束我国保险代理人的行为。

②保险经纪人。保险经纪人是基于投保人的利益,为投保人与保险人订立保险合同提供中介服务,并依法收取佣金的单位。保险经纪人具有以下法律特征:

a. 保险经纪人是基于投保人的利益从事保险活动,并依法收取佣金。保险经纪人凭借自己的学识、技术、经验和信息,可以为投保人选择资信状况良好的保险公司、选择符合投保人需求的保险险种、代表投保人与保险人洽谈保险合同条件等。

b. 保险经纪人为保险双方当事人提供中介服务。保险经纪人的业务活动一般是为投保人订立保险合同提供机会和建议。保险经纪人可以向各家保险公司咨询、洽谈保险合同的品种、价格、服务等条件并协助投保人选择投保。但保险合同是否签订、保险合同的具体内容等,应由投保人自己决定。保险经纪人经授权可以为投保人办理手续。

c. 保险经纪人应当具备一定的条件。我国《保险法》规定了保险经纪人应当具备的条件:保险经纪人应当具备保险监督管理部门规定的资格条件,并取得保险监督管理部门颁发的经营保险经纪业务许可证,向工商行政管理机关办理登记,领取营业执照,并缴存保证金或者投保职业责任保险。

d. 保险经纪人自己承担赔偿责任。《保险法》规定:"因保险经纪人在办理保险业务中的过错,给投保人、被保险人造成损失的,由保险经纪人承担赔偿责任。"因此,保险经纪人为转嫁自身的经营风险,通常采用向保险公司投保职业责任保险的方式。

除此之外,中国人民银行公布了《保险经纪人管理规定》,中国保险监督管理委员会颁布了《保险经纪公司管理规定》,配合规范保险经纪人的行为。

③保险公证人。所谓保险公证人,也称保险公估人,是指以独立于保险人与被保险人的身份,凭借丰富的专业知识和技术,本着客观和公正的态度,向保险人或被保险人收取费用,办理保险标的的查勘、鉴定、估损、赔款理算并给予证明的人。保险公证人所作出的公证报告书,主要在于证明保险财产遭受损失的原因、损失的程度以及受损的价值。由于保险公证人的职业信誉较高,因而所作判断与证明常为保险双方当事人乐于接受。

4. 保险合同的内容

保险合同的内容,是指保险合同双方当事人之间依保险合同而建立起来的权利义务关系,即表现为保险合同的条款,这是保险合同的实体部分。保险合同的内容包括保险合同基本条款和合同其他事项两个部分。

(1)保险合同的基本条款。保险合同的基本条款是指在任何保险合同中不可缺少的条款,需包括以下事项:

①保险人名称和住所。我国《保险法》明确规定保险人为保险公司,则其住所为营业场

所。在保险合同中对保险人的名称、住所应当清楚地加以记载,以便于保险人行使收取保险费的权利、履行赔偿或给付的义务。

②投保人、被保险人名称和住所,以及人身保险的受益人的名称和住所。投保人是保险合同的一方当事人,应在保险合同中明确记载其姓名和住所。如果人身保险合同需约定受益人的,也需将其名称和住所记载清楚,因为这关系到各方履行义务享受权利的问题。

③保险标的。保险标的是保险关系双方权利义务所指的对象,是保险利益的物质形式。比如,作为保险标的的财产,不仅指有形财产,还包括无形财产,必须在保险合同上标注清楚。

④保险责任和责任免除。保险责任条款具体规定了保险人所承担的风险范围。保险种类不同,保险责任因而有所不同。

责任免除条款具体规定了保险人不负赔偿或给付责任的范围。在保险合同中载明该条款是为了更好地确定双方当事人的权利义务关系。责任免除条款一般涉及的损失有:战争或军事行动所造成的损失、保险标的物自然磨损、被保险人的故意行为所致的损失以及其他不属于保险责任范围的损失等。

⑤保险期间和保险责任开始时间。保险期间是指保险人对保险事故承担责任的起止期间。这种起止时间,一般是以一定的时间计算(比如1年时间),也有以一定事件的起止时间来计算的(比如建筑工程保险是以一个工程的工期来计算)。

责任开始时间是指保险人开始履行保险责任的起始时间。在保险合同中应注明。

⑥保险金额。我国《保险法》规定:"保险金额是指保险人承担赔偿或者给付保险金责任的最高限额。"即保险金额是当事人双方约定的,在保险事故发生时,保险人应赔偿或给付的最高限额。在财产保险中保险金额的确定要体现财产保险以实际损失为限的补偿原则,因而,保险金额的确定要受到投保财产价值的限制。

⑦保险费及其支付办法。保险费是指由投保人交付给保险人的费用。这种费用实质上是作为保险人承担合同中约定的赔偿给付责任的一种对价。保险费的多少,是由保险金额的大小和保险费率的高低两个因素决定的。支付办法有两种:一种是合同成立时一次支付,另一种是分期支付。保险合同中应载明是哪种支付方法。

⑧保险金赔偿或给付方法。保险金赔偿或给付办法是指保险人承担保险责任的方法。保险金赔偿或给付应以货币的形式予以给付,当然也有一些保险合同约定对特定的损失,可以以恢复原状等代替赔付。保险金赔偿或给付办法的明确载明,有利于保险人更好地履行保险责任,也有利于赔付工作的顺利进行。

⑨违约责任和争议处理。违约责任是指保险合同当事人因其过错致使合同不能完全履行,或违反保险合同的规定义务而需承担法律责任。争议处理是指以解决保险合同纠纷适用的条款,一般包括诉讼条款和仲裁条款。

⑩订立合同的时间、地点。保险合同应注明订立合同的时间,这对于确定保险利益是否存在、保险风险是否已发生具有重要的意义。这对于成立后生效的保险合同来说,还关系到保险期限的计算,在某些情况下,对于查明案件的事实真相和避免骗赔发生可以起到关键作用。保险合同还应注明订约的地点,这对争议发生后的诉讼管辖、法律适用等方面有直接影响。

(2)保险合同的附加条款。附加条款是当事人在承认保险合同基本条款以外,还承诺履行某些特殊义务的条款。由于保险标的的风险状况不同,各投保人对保险的需求也有所不同,附加条款就是应投保人的要求而增加的内容。附加条款的灵活应用,弥补了基本条款的不足。

保险合同的附加条款,有些是为了满足某些行业的需求,由保险同业公会与某些行业共同制定,通常称为"行业条款";有些是保险双方当事人特别约定,称为"特约条款"。

(3)保险合同的条款解释原则。保险合同在执行过程中,可能由于条款不够明确而致使双方发生争议。一般情况下,由当事人双方协商解决,若协商不能达到一致,则应通过仲裁机关或者法院作出裁决或判决,裁决或判决时必须遵循一定的原则,这就是保险条款的解释原则。

①文义解释。对保险合同条款的用词应按照其通常的含义来解释;条款中出现的专业术语,也应按照其所属行业的通常含义来解释。

②意图解释。保险合同条款应遵循签约当时双方当事人的真实意图,以当时的客观情况为出发点来进行解释。

③解释应有利于被保险人和受益人。由于保险合同是附和合同,一般是由保险人事先制定的,在文字措辞方面保险人处于主动地位,被保险人处于被动地位。因此,在保险条款的文字可作多种解释时,应选择有利于被保险人和受益人的含义进行解释。

5. 保险合同的订立

保险合同的订立是保险人和投保人意思表示一致的法律行为。合同订立的过程,就是双方当事人就合同内容通过协商达成协议的过程,如图2-3所示。保险合同的订立,大致可分为两个程序:要约、承诺。

图 2-3 保险合同订立的过程

(1)要约。要约是要约人以缔结合同为目的而进行的意思表示。它是合同当事人一方向另一方表示愿与其订立合同内容的提议。在保险合同中,一般投保人为要约人。投保人据实填写投保单,并交给保险人的行为即为要约。投保单一经保险人接受,便成为保险合同的一部分。

(2)承诺。承诺是受约人对提出的要约全部接受的意思表示,即受约人向要约人表示愿意完全按照要约内容与其订立合同的答复。在保险合同的订立过程中,一般投保人提出要约,保险人根据投保单的内容签发保险单或暂保单,合同即告成立。

6. 保险合同的变更

保险合同的主体变更是指在保险合同有效期内,对合同原有记载的改动。能够引起保险合同变更的,主要是合同的主体或内容的变化。

(1)主体变更。保险合同的主体变更是指保险合同的当事人和关系人的变更,主要是指投保人、被保险人、受益人的变更,保险人一般是不变的。

(2)内容变更。保险合同的内容变更是指合同约定事项的变更,也就是保险关系双方各自所承担的义务和享有的权利的变更,具体包括保险标的、保险责任、保险金额、保险期限等内容的变更。

保险合同内容发生变更,投保人或被保险人应主动向保险人申请办理批改手续,保险人同意后,应在原保单或保险凭证上批注或附贴批单,或者由投保人和保险人订立变更的书面协议。

7. 保险合同的终止

保险合同的终止是指合同双方当事人确定的权利义务关系的消灭。合同终止主要包括保险合同的解除、保险合同的期满终止、保险合同的履约终止和保险标的发生损失而终止四种情况。

(1)保险合同的解除。所谓保险合同的解除,是指在保险合同的有效期限届满前,当事人依法使合同效力终止的行为。

①投保人解除保险合同。按照各国保险法的规定,在一般情况下,投保人可以随时提出保险合同,因为保险合同是在平等自愿的基础上订立的。我国《保险法》规定:"除本法另有规定或者保险合同另有约定外,保险合同成立后,投保人可以解除合同。"并且解除合同后,还不承担违约责任。

②保险人解除保险合同。按照各国保险法规定,保险人一般不能解除保险合同,否则应承担违约责任。因为如果允许保险人任意解除保险合同,就可能导致保险人在风险增大时解除合同而严重损害投保人利益。我国《保险法》规定:"除本法另有规定或保险合同另有约定外,保险合同成立后,保险人不得解除合同。"目的在于保障投保人、被保险人的合法权益。

根据我国《保险法》规定,保险人在以下几种情况下有权解除保险合同:

a. 投保人故意隐瞒事实,不履行如实告知义务的,或者因过失未履行如实告知义务,足以影响保险人决定是否同意承保或者提高保险费率的,保险人有权解除合同。

b. 被保险人或者受益人在未发生保险事故的情况下谎称发生保险事故,向保险人提出赔付保险金的请求,保险人有权解除保险合同,并不退还保险费。

c. 投保人、被保险人故意制造保险事故的,保险人有权解除保险合同,不承担赔付责任。

d. 投保人、被保险人未按约定履行其对保险标的的安全应尽责任的,保险人有权增加保险费或解除保险合同。

e. 在保险合同的有效期内,保险标的危险程度增加的,被保险人按照合同约定应及时通知保险人,保险人有权要求增加保险费或者解除保险合同。被保险人未履行通知义务的,因保险标的的危险程度增加而发生保险事故,保险人不承担赔偿责任。

f. 人身保险的投保人申报的被保险人年龄不真实,并且其真实年龄不符合合同约定的年龄限制的,保险人可以解除合同,并在扣除手续费后,向投保人退还保险费,但是自合同成立之日起超过两年的除外。

g. 自保险合同效力中止之日起两年内,保险双方当事人未达成复效协议的,保险人要求解除保险合同。

我国《保险法》的上述规定,赋予了保险人在投保人、被保险人和受益人严重违反法律及合同规定的情况下解除保险合同的权利,既是对被保险人及其关系人违法行为的惩戒,又是对保险人合法权益的维护,体现了诚实信用原则和公平互利原则。

③保险双方约定解除保险合同,也称约定解除或协议注销。保险合同当事人在不违反法律或公共利益的前提下,可以在合同中约定当一定的事实发生时,一方或双方当事人有权解除合同,并且可以约定行使解除权的期限。

保险合同解除的程序是:在法律或保险合同约定的条件下,具有解约权的一方当事人,可以单方决定解除保险合同,但解约方应将解除保险合同的通知做成书面文件并及时通知双方当事人。任何一方不符合法律的规定或保险合同约定,擅自解除保险合同的,应承担相应的违约责任及其他法律责任。

(2)保险合同的期满终止。这是保险合同终止的最普遍的原因。保险期限是保险人承担保险责任的起止时限。如果在保险时限内发生了保险事故,保险人按照保险合同约定赔偿了保险金的一部分,保险合同期满时,保险合同的权利义务关系终止;如果在保险期限内没有发生保险事故,保险人没有赔付,保险合同载明的期限届满时,保险合同自然终止。只要超过保险合同规定的责任期限,保险合同就终止,保险人不再承担保险责任。

(3)保险合同的履约终止。保险合同是保险双方当事人约定在一定的保险事故发生时,保险人承担赔偿或给付保险金责任的合同。因此,保险合同约定的保险事故发生时,保险人履行完赔付保险金责任后,无论保险期限是否届满,保险合同即告终止。

(4)保险标的发生部分或全部损失而终止。我国《保险法》规定:"保险标的发生部分损失的,在保险人赔偿后三十日内,投保人可以终止合同的;除合同约定不得终止合同的以外,保险人也可以终止合同。保险人终止合同的,应当提前十五日通知投保人,并将保险标的未受损失部分的保险费,扣除自保险责任开始之日起至终止合同之日止期间的应收部分后,退还投保人。"

保险标的发生部分损失后,保险标的本身的状况及面临的风险已经有所变化,因此我国《保险法》允许保险双方当事人终止保险合同。

保险标的发生全部损失的,保险合同也应该终止。一方面,保险合同可能因保险事故全部灭失,此情况下保险人赔付金额后,保险合同因履约而终止;另一方面,如果保险标的因除外责任而全损,由于保险标的已不存在,保险合同因失去对象而终止。

四、保险业法

1. 保险业法的概念

保险业法,是调整国家对保险市场以及市场主体的组织和经营活动进行监管关系的法律规范的总和。保险业法的本质属性是管理法或监管法,保险监管是贯穿保险业法的灵魂。从各国的保险业立法来看,一般都涉及保险机构的组织和经营规则,以及国家保险监管体制和监管形式等内容,而这些内容往往是保险行业特有或具有保险行业特点的,并带有鲜明的国家干预色彩的"行规"。因此,保险业法,实为保险行业法或保险行业管理法,是保险企业组织法、保险企业经营法和保险市场管理法的有机结合。

保险业法主要调整国家与保险市场以及市场主体之间的关系。具体而言,其调整对象一般包括:

(1)调整国家保险监管活动诸构成要素及其相互关系,即保险监管体制和方式。包括国家保险监管的主体及其职权、保险监管对象、保险监管方式及其相互关系。

(2)国家对保险企业组织活动的监管关系,即保险组织监管。包括对保险企业组织形式以及保险企业的设立、变更和终止的监管关系,也包括对保险企业内部组织机构和管理活动的监管关系。

(3)国家对保险企业经营活动的监管关系,即保险经营监管。包括对保险企业经营范围、偿付能力、经营风险、资金运用以及保险市场行为的监管关系。

(4)国家对保险中介人的监管关系。包括对保险代理人、保险经纪人、保险公估人等保险中介人的主体资格和市场行为的监管关系。

2. 保险业法的内容体系

保险业法内容丰富,主要由以下几个部分构成:

(1)保险监管法,主要规定保险监管体制、监管内容、监管方式等。

(2)保险组织法,也称保险企业法,主要规定保险企业的法定组织形式,设立、变更、终止的条件和程序等。

(3)保险经营法,即保险企业的经营行为规则,主要规定保险企业的业务范围、偿付能力、经营风险、资金运用和行为规范等。

(4)保险中介人法,也称保险辅助人法,主要规定保险代理人、保险经纪人和保险公估人的种类、资格及其行为规则等。

3. 保险监管的概念保险监管体制

(1)保险监管的概念。对于保险监管的含义,依据监管主体的范围的不同,可以有广义和狭义两种理解。广义的保险监管是指有法定监管权的政府机构、保险行业自律组织、保险企业内部的监管部门以及社会力量对保险市场及市场主体组织和经营活动的监督或管理。狭义的保险监管一般专指政府保险监管机构依法对保险市场及保险市场主体组织和经营活动的监督和管理。从严格意义上讲,保险监管主要指狭义上的保险监管,即政府保险监管。

(2)保险监管体制。保险监管体制是指保险监管活动主体及其职权的制度体系。为了适应保险业发展的需要以及金融业分业经营的客观要求,我国成立了中国保险监督管理委员会(以下简称"中国保监会")。中国保监会是我国保险监督管理机构,是保险监管活动主体,是全国商业保险的主管部门,为国务院直属事业单位,根据国务院授权履行行政管理职能,依照法律、法规统一监督管理全国保险市场,维护保险业的合法、稳健运行。中国保监会还在全国各省、直辖市、自治区、计划单列市设有派出机构——保监局,保监会与保监局依法共同行使政府保险监管职能。

五、道路交通安全法

在汽车保险的法律体系中《道路交通安全法》及其实施条例占有举足轻重的地位,在判定被保险人在保险事故中的责任比例具有法律上的指导意义。新修订的《道路交通安全法》于 2008 年 5 月 1 日起实施。它和《实施条例》包括以下几个方面的内容。

1. 车辆和驾驶人

(1)车辆登记制度。国家对机动车实行登记制度。机动车经公安机关交通管理部门登记后,方可上道路行驶。尚未登记的机动车,需要临时上道路行驶的,应当取得临时通行牌证。机动车所有权发生转移的,机动车登记内容变更的,机动车用作抵押的,机动车报废的有下列情形之一的,应当办理相应的登记。

(2)车辆检验。对登记后上道路行驶的机动车,应当依照法律、行政法规的规定,根据车辆用途、载客载货量、使用年限等不同情况,定期进行安全技术检验。对符合机动车国家安全技术标准的,公安机关交通管理部门应当发给检验合格标志。

(3)驾驶证。驾驶机动车,应当依法取得机动车驾驶证。驾驶人应当按照驾驶证载明的准驾车型驾驶机动车。公安机关交通管理部门依照法律、行政法规的规定,定期对机动车驾驶证实施审验。

(4)禁止驾驶的情形。饮酒、服用国家管制的精神药品或麻醉药品,或者患有妨碍安全驾驶机动车的疾病,或者过度疲劳影响安全驾驶的,不得驾驶机动车。

2. 道路通行规定

(1)分道通行。根据道路条件和通行需要,道路划分为机动车道、非机动车道和人行道的,机动车、非机动车、行人实行分道通行。没有划分机动车道、非机动车道和人行道的,机动车在道路中间通行,非机动车和行人在道路两侧通行。

(2)通行规则。车辆、行人应当按照交通信号通行;遇有交通警察现场指挥时,应当按照交通警察的指挥通行;在没有交通信号的道路上,应当在确保安全、畅通的原则下通行。

(3)车辆限速。机动车上道路行驶,不得超过限速标志标明的最高时速。在没有限速标志的路段,应当保持安全车速。

(4)载人、载客规定。机动车载人不得超过核定的人数,客运机动车不得违反规定载货。禁止货运机动车载客。

(5)拖拉机。在允许拖拉机通行的道路上,拖拉机可以从事货运,但是不得用于载人。

(6)高速公路。行人、非机动车、拖拉机、轮式专用机械车、铰接式客车、全挂拖斗车以及其他设计最高时速低于70km的机动车,不得进入高速公路。高速公路限速标志标明的最高时速不得超过120km。

3. 交通事故处理

(1)现场处理。在道路上发生交通事故,车辆驾驶人应当立即停车,保护现场;造成人身伤亡的,车辆驾驶人应当立即抢救受伤人员,并迅速报告执勤的交通警察或者公安机关交通管理部门。因抢救受伤人员变动现场的,应当标明位置。乘车人、过往车辆驾驶人、过往行人应当予以协助。在道路上发生交通事故,未造成人身伤亡的,当事人对事实及成因无争议的,可以即行撤离现场,恢复交通,自行协商处理损害赔偿事宜;不即行撤离现场的,应当迅速报告执勤的交通警察或者公安机关交通管理部门。在道路上发生交通事故,仅造成轻微财产损失,并且基本事实清楚的,当事人应当先撤离现场再进行协商处理。

(2)交通事故认定书。公安机关交通管理部门应当根据交通事故现场勘验、检查、调查情况和有关的检验、鉴定结论,及时制作交通事故认定书,作为处理交通事故的证据。交通事故认定书应当载明交通事故的基本事实、成因和当事人的责任,并送达当事人。

(3)交警调解。对交通事故损害赔偿的争议,当事人可以请求公安机关交通管理部门调解,也可以直接向人民法院提起民事诉讼。经公安机关交通管理部门调解,当事人未达成协议或者调解书生效后不履行的,当事人可以向人民法院提起民事诉讼。

(4)抢救费用。肇事车辆参加机动车第三者责任强制保险的,由保险公司在责任限额范围内支付抢救费用。

（5）交强险。机动车发生交通事故造成人身伤亡、财产损失的，由保险公司在机动车第三者责任强制保险责任限额范围内予以赔偿；不足的部分，按照下列规定承担赔偿责任：

①机动车之间发生交通事故的，由有过错的一方承担赔偿责任；双方都有过错的，按照各自过错的比例分担责任。

②机动车与非机动车驾驶人、行人之间发生交通事故，非机动车驾驶人、行人没有过错的，由机动车一方承担赔偿责任；有证据证明非机动车驾驶人、行人有过错的，根据过错程度适当减轻机动车一方的赔偿责任；机动车一方没有过错的，承担不超过百分之十的赔偿责任。

交通事故的损失是由非机动车驾驶人、行人故意碰撞机动车造成的，机动车一方不承担赔偿责任。

4. 交通事故责任认定

交通事故责任认定事关事故双方是否承担民事赔偿责任甚至是刑事责任的关键，也是公安机关交通管理部门根据交通事故现场勘验、检查、调查情况和有关检验、鉴定结论，对交通事故的基本事实、成因和当事人的责任作出的具体认定。公安交通管理部门的责任认定实际上是对交通事故因果关系的分析，是对造成交通事故原因的确认，要避免将公安交通管理部门的责任认定，简单等同于民事责任的分担，应将其作为认定当事人承担责任或者确定受害人一方也有过失的重要证据材料。《实施条例》规定："公安机关交通管理部门应当根据交通事故当事人的行为对发生交通事故所起的作用以及过错的严重程度，确定当事人的责任。"认定交通事故责任，必须依法确认事故中各方当事人的法定义务，依法确认各方当事人法定义务的优先原则，确认各方当事人的行为在交通事故中的作用和过错的严重程度，根据各方当事人的行为在交通事故中的作用和过错的严重程度确认不同的交通事故责任。

六、保险争议解决的法律途径

《机动车交通事故责任强制保险条例》（以下简称《交强险条例》）规定："被保险人与保险公司对赔偿有争议的，可以依法申请仲裁或者向人民法院提起诉讼。""因履行交强险合同发生争议的，由合同当事人协商解决。协商不成的，提交保险单载明的仲裁委员会仲裁。保险单未载明仲裁机构或者争议发生后未达成仲裁协议的，可以向人民法院起诉。"

中国保监会制定的机动车商业保险条款也有规定："因履行本保险合同发生争议，由当事人协商解决。协商不成的，提交保险单载明的仲裁机构仲裁。保险单未载明仲裁机构或者争议发生后未达成仲裁协议的，依法向人民法院起诉。"

所以，在保险合同争议的法律解决途径中，协商是前提，协商无果首选仲裁，如果达不成仲裁协议再考虑诉讼。

按照我国法律规定，只能在仲裁或诉讼中任选一种形式解决争议，而不能同时使用仲裁或诉讼两种形式解决争议。

1. 仲裁

（1）仲裁的概念。仲裁是指纠纷当事人在自愿基础上达成协议，将纠纷提交非司法机构的第三者审理，并作出对争议各方均有约束力的裁决的一种解决纠纷的制度和方式。

(2) 仲裁的范围。仲裁范围是指仲裁机构受理纠纷的范围,解决可仲裁性的问题。根据《中华人民共和国仲裁法》(以下简称《仲裁法》)规定,平等主体的公民、法人和其他组织之间发生的合同纠纷和其他财产权益纠纷,可以仲裁。

以下纠纷不能仲裁:

①婚姻、收养、监护、抚养、继承纠纷;

②依法应当由行政机关处理的行政争议。

(3) 仲裁的原则。仲裁必须遵循以下五个方面的原则:

①自愿原则。当事人采用仲裁方式解决纠纷,应当双方自愿,达成仲裁协议。没有仲裁协议,一方申请仲裁的,仲裁委员会不予受理。只有当事人协商一致,才能采用仲裁方式解决纠纷,这是仲裁区分于诉讼的显著特点。因此,仲裁协议是仲裁制度的基石。

②或裁或审原则。当事人达成仲裁协议,一方向人民法院起诉的,人民法院不予受理,但仲裁协议无效的除外。也就是说,当事人达成仲裁协议即放弃诉讼权利。除仲裁协议无效以外,一方起诉后的,人民法院应当驳回起诉,不予受理。

③依据事实与法律仲裁原则。仲裁应当根据事实,符合法律规定,公平合理地解决纠纷。对照《中华人民共和国民事诉讼法》(以下简称《民事诉讼法》)中"人民法院审理民事案件,必须以事实为根据,以法律为准绳"的规定,本条原则多了一层"公平合理地解决纠纷"的意思。民事法律绝大多数是任意性规范,当事人根据自己的意愿在损害赔偿上作些让步也是符合法律的。有时法律对某个问题没有具体规定,那么,仲裁员可以根据法律的原则公平合理地去解决纠纷。

④独立仲裁的原则。仲裁依法独立进行,不受行政机关、社会团体和个人的干涉。仲裁权是当事人赋予的。是否进行仲裁,由谁进行仲裁,完全应当尊重当事人意愿。因此,不允许任何单位和个人干涉。

⑤一裁终局原则。仲裁机构对当事人提交的案件作出裁决后即具有终局的法律效力,双方当事人必须主动履行仲裁裁决,而不得要求原仲裁机关或其他仲裁机关再次仲裁或向法院起诉,也不得向其他机关提出变更仲裁裁决的请求。裁决作出后,当事人就同一纠纷再申请仲裁或者向人民法院起诉的,仲裁委员会或者人民法院不予受理。裁决被人民法院依法裁定撤销或者不予执行的,当事人就该纠纷可以根据双方重新达成的仲裁协议申请仲裁,也可以向人民法院起诉。

(4) 仲裁机构与仲裁委员会。现代的仲裁多表现为机构仲裁,设立常设性的仲裁机构,即仲裁委员会。仲裁委员会可以在直辖市和省、自治区人民政府所在地的市设立,也可以根据需要在其他设区的市设立,不按行政区划层层设立。仲裁委员会独立于行政机关,与行政机关没有隶属关系。仲裁委员会之间也没有隶属关系。仲裁委员会应当由当事人协议选定。仲裁不实行级别管辖和地域管辖。

(5) 仲裁时效。法律对仲裁时效有规定的,适用该规定。法律对仲裁时效没有规定的,适用诉讼时效的规定,主要指适用《民法通则》有关诉讼时效的规定。

2. 民事诉讼

民事诉讼是人民法院在所有诉讼参与人的参加下,审理与解决民事案件的诉讼活动以及在活动中产生的各种法律关系的总和。《民事诉讼法》是国家制定的、规范法院与民事诉讼参与人诉讼活动,调整法院与诉讼参与人法律关系的法律规范的总和。

(1)《民事诉讼法》的效力。《民事诉讼法》的效力是指《民事诉讼法》适用所及之效力范围。它包括对什么人什么事发生效力,在什么空间发生效力。我国《民事诉讼法》规定,凡在中华人民共和国领域内进行民事诉讼,都必须适用我国《民事诉讼法》。中华人民共和国领域包括领土、领海、领空,以及领土延伸的范围。这是民事诉讼法对人的效力和在空间上的效力。

(2)《民事诉讼法》基本原则。《民事诉讼法》的基本原则是指在民事诉讼的全过程中起指导作用或主导作用的基本原则。

①诉讼权利平等原则。民事诉讼当事人有平等的诉讼权利。人民法院审理民事案件,应当保障和便利当事人行使诉讼权利,对当事人在适用法律上一律平等。

②同等与对等原则。外国人、无国籍人、外国企业和组织在人民法院起诉、应诉,同中华人民共和国公民、法人和其他组织有同等的诉讼权利义务。外国法院对中华人民共和国公民、法人和其他组织的民事诉讼权利加以限制的,中华人民共和国人民法院对该国公民、企业和组织的民事诉讼权利,实行对等原则。对等原则是国际惯例,有利于国家之间的平等交往。

③独立审判原则。民事案件的审判权由人民法院行使。人民法院依照法律规定对民事案件独立进行审判,不受行政机关、社会团体和个人的干涉。

④以事实为根据,以法律为准绳的审理原则。以事实为根据、以法律为准绳是对审判人员审理案件最基本的要求,是保证公正审判的最基本的原则。

⑤调解原则。人民法院审理民事案件,应当根据自愿和合法的原则进行;在民事诉讼整个过程中,人民法院都可以主持调解。调解不成的,应当及时判决。

⑥辩论原则。人民法院审理民事案件,当事人有权进行辩论。辩论权的行使,贯穿于诉讼全过程,而不仅限于辩论阶段。

⑦处分原则。当事人有权在法律规定的范围内处分自己的民事权利和诉讼权利。

⑧法律监督原则。人民检察院有对民事审判活动实行法律监督。人民检察院对审判活动实行法律监督的方式是对人民法院已经发生法律效力的判决、裁定确有错的,提出抗诉。人民法院对人民检察院提出抗诉的案件,应当再审。

⑨支持起诉原则。机关、社会团体、企业事业单位对损害国家、集体或者个人民事权益的行为,可以支持受损害的单位或者个人向人民法院起诉。由此可见,支持起诉的条件应当是:限于侵权行为而产生的纠纷;支持起诉者应当是机关、社会团体、企业事业单位;被支持的受害人没有起诉。

思考与练习

一、不定项选择

1. 保险法是以_____为调整对象的法律法规的总和。
   A. 保险当事人　　　　B. 保险关系　　　　C. 保险合同

2. 保险业法是对_____进行管理和监督的法律法规的总称。

A. 保险代理人　　　　B. 保险经纪人　　　　C. 保险企业

3. 保险合同法是规范＿＿＿＿＿＿权利义务的法律法规的总称。

　　A. 保险双方当事人

　　B. 保险关系人

　　C. 保险双方当事人、保险关系人

4. 财产保险中,保险人对被保险人的赔偿金额要受到＿＿＿＿＿＿的限制。

　　A. 实际损失金额、保险金额、保险利益三个量的最小者

　　B. 实际损失金额、保险金额、保险利益三个量的最大者

　　C. 实际损失金额、保险金额、保险利益三个量的算术平均值

5. 财产保险合同的保险标的是＿＿＿＿＿＿,责任保险合同的保险标的是＿＿＿＿＿＿。

　　A. 无形资产

　　B. 有形资产

　　C. 既含有有形资产,也含有无形资产

6. ＿＿＿＿＿＿是根据保险人的委托,向保险人收取代理手续费,并在保险人授权的范围内代为办理保险业务的单位或者个人。

　　A. 保险代理人　　　　B. 保险经纪人　　　　C. 保险中介人

7. 根据道路条件和通行需要,道路划分为＿＿＿＿＿＿、＿＿＿＿＿＿、＿＿＿＿＿＿,机动车、非机动车、行人实行分道通行。

　　A. 机动车道　　　　B. 行车道　　　　C. 超车道

　　D. 非机动车道　　　E. 人行道

8. 机动车与非机动车驾驶人、行人之间发生交通事故的,＿＿＿＿＿＿责任。

　　A. 一律由机动车承担

　　B. 一律由非机动车承担

　　C. 根据过错分担

　　D. 交通事故的损失是由非机动车驾驶人、行人故意造成的,机动车一方不承担

9. 在允许拖拉机通行的道路上,拖拉机可以＿＿＿＿＿＿。

　　A. 货运　　　　　　　　　　　　　　B. 客运

　　C. 在确保安全的情况下,从事客运　　D. 可以从事客运,但不得人货混装

10. 机动车通过交叉路口遇有交通信号的指示与交通警察的指挥不一致时,应当＿＿＿＿＿＿通行。

　　A. 按照交通信号的指示

　　B. 按照交通警察的指挥

　　C. 在确保安全的情况下自行

　　D. 在确保安全的情况下,既可以按交通信号的指示,也可以按照交通警察的指挥

11. 《中华人民共和国道路交通安全法》中所指的道路包括:＿＿＿＿＿＿。

　　A. 公路

　　B. 城市道路

　　C. 虽在单位管辖范围内但允许社会机动车通过的地方

D. 公共停车场

12. 《中华人民共和国民事诉讼法》中的基本原则是_____。
   A. 诉讼权利平等原则
   B. 同等与对等原则
   C. 独立审判原则
   D. 以事实为根据、以法律为准绳的审判原则

13. 人民法院审理行政案件,依法实行合议、回避、_____和两审终制度。
   A. 公开审判				B. 审理
   C. 诉讼				D. 行政诉讼

二、判断题

1. 保险法是指于1995年6月颁布并于2015年4月修改的《中华人民共和国保险法》。（　　）

2. 我国保险法规定,从事保险活动必须遵循诚实信用原则,也就是指被保险人在保险活动中,必须诚实、守信,不得隐瞒欺骗。（　　）

3. 保险代理人具有代理权,其从事的所有活动属于民事法律行为,由保险人承担法律后果。（　　）

4. 保险主管部门是中国保险监督管理委员会。（　　）

5. 保险经纪人一般是为投保人订立保险合同提供机会、建议和签订保险合同。（　　）

6. 投保人对保险标的不具有保险利益,则保险合同无效。（　　）

7. 投保人就是被保险人。（　　）

8. 因行人违反交通规则造成机动车与行人发生交通事故的,机动车驾驶人不承担责任。（　　）

9. 机动车在道路上临时停车的,不得妨碍其他车辆和行人的通行。（　　）

10. 交通事故是指车辆在道路上因过错或者意外造成的人身伤亡或财产损失的事件。（　　）

11. 货运机动车在设置安全保护措施后可以载客。（　　）

12. 机动车之间发生交通事故的,按照过错责任原则承担相应的责任。（　　）

13. 民事诉讼是人民法院在所有诉讼参与人的参加下,审理与解决民事案件的诉讼活动以及在活动中产生的各种法律关系的总和。（　　）

14. 民事诉讼当事人,是指因民事上的权利义务关系发生纠纷,以自己的名义进行诉讼,并受人民法院裁判拘束的利害关系人。（　　）

15. 仲裁是指纠纷当事人在自愿基础上达成协议,将纠纷提交司法机构审理的制度和方式。（　　）

三、简答题

1. 简述责任保险合同的特征。
2. 保险条款的主要内容包括哪些?
3. 《中华人民共和国保险法》规定的基本原则有哪些?其主要内容是什么?
4. 什么是保险合同?保险合同与一般经济合同有何异同?

5. 试述我国民事诉讼的基本制度。

综合训练

2015年8月17日,老王给自己的汽车购买了车辆损失保险、第三者责任保险、车上人员责任保险、全车盗抢险,保险期限一年。同年10月7日,老王在开车回老家的路上,被老李的车追尾。经交警认定,老李负事故的全部责任。老王修车花费5 000元,并从保险公司索要了赔款,同时将向老李追偿的权利转移给保险公司。保险公司在代替老王向老李索要事故损失赔偿时,老李认为事故原因是由于自己驾驶技术不熟练,责任在自己,心中也感觉十分愧疚,于是马上拿出了6 000元,给了保险公司人员小赵。小赵将6 000元全部交回了保险公司。一段时间后,老王听说了此事,向保险公司要多余的1 000元钱,保险公司坚决不给。

2016年5月3日,老王的汽车被偷,老王马上向公安部门和保险公司报案,3个月后,车辆仍未找回,保险公司给予了老王全部赔款10万元。又过了1个月后,车辆被找回,老王不愿再要车,将车辆的权利转让给保险公司。保险公司对车辆进行拍卖时,竟拍出15万元的价格。老王听说了此事后,又向保险公司索要多出的5万元钱,保险公司还是坚决不给。

(1) 对第一种情况,若给双方调解,应如何处理?
(2) 对第二种情况,若再给双方调解,应如何处理?

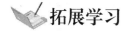拓展学习

请研读《中华人民共和国保险法》《中华人民共和国道路交通安全法》《中华人民共和国道路交通安全法实施条例》,登录http://www.baidu.com搜索"交通事故责任认定依据和划分标准"及"保险争议解决的法律途径"进行拓展学习。

学习单元 3　　汽车保险的投保

学习目标

通过本任务的学习,应能:
1. 描述汽车投保的方式;
2. 描述汽车保险的险种及免责范围;
3. 设计汽车保险方案以及对各保险公司不同方案进行比较;
4. 按照各保险公司条款计算保险费;
5. 学会填写汽车投保单;
6. 核保;
7. 续保。

学习时间

16 学时。

【案例导入】
某日下午,车主张先生在4S店办完购车手续后,准备在4S店办理保险理赔业务。张先生的本次理赔业务由4S店的理赔代办员小秦来办理。小秦在办理保险业务时,需要和客户沟通几个方面的问题:①汽车保险如何投保;②保险公司的承保环节;③车辆保险金额的确定;④汽车保险的种类;⑤协助客户选择汽车保险产品;⑥出险时应注意的问题;⑦新车办理保险和维修用户办理保险的区别。

小秦通过整理,应该如何向张先生介绍保险办理的业务呢?

一、汽车投保的主要方式

由于网络通信的高速发展,汽车投保的方式也不局限于以往的传统方式。在我国汽车投保的方式主要有以下5种。

1. 网上投保

网上投保是最新的也是最便捷的投保方式,险种的选择、询价、订单交易等都在网络上完成。它具有快捷、不用出门、保费相对较低的特点,它对投保人要求较高,要具有较强的保险常识。但网络交易也存在一定的风险,车主应找大型的网络服务提供商,填写准确的个人信息,在投保后及时打电话咨询保险公司自己的车险情况,并在接下来的时间里注意查收邮件,因为网上投保的保单是通过邮件方式寄送给投保人的。

2. 营业厅投保

营业厅投保是最传统的投保方式,这种投保方式非常安全、可靠。采用这种方式投保,车主必须亲自到所选择的保险公司的营业厅办理相关的投保手续。如果去营业厅投保,一定要提前咨询都需要带齐哪些资料,避免因反复地来回取资料浪费时间和精力。

3. 电话投保

电话投保的方式比较方便快捷,服务态度好,且有专门人员上门服务。电话投保一般分两步办理:工作人员先过来索取相关资料和签订合同,收取保费,回到公司办理承保手续,最后给客户送交保单。目前开通的电话投保号码有:中国人民财产保险公司的4001234567;中国平安财产保险公司的4008000000;太平洋财产保险公司的4006095500。在使用电话投保时,一定要致电所要购买的保险公司,详细询问是否提供电话投保服务,确认后再联系,以免受骗。

4. 4S店投保

目前来说,4S店投保是最主要的车险投保方式之一,车主可以在购买新车的同时投保。在4S店投保的好处是,一旦发生交通事故,该4S店会配备相关专业工作人员负责协助车主跟保险公司定损理赔,能为汽车提供比较标准的维修服务,也为被保险人节省不少的精力。

5. 中介投保

车险也可以通过保险中介来投。中介投保非常方便,只要车主把相关资料交给中介,就可以让其代买保险。因为中介服务机构进入门槛低,服务质量参差不齐,鱼龙混杂,所以一定要选择那些口碑好、分店多,并且正规经营的中介。在购买保险后,应该通过电话查询或者去营业厅检验保单的真实性,再支付相关费用,谨防上当。

二、汽车商业保险险种

1. 概述

我国的汽车保险主要分为机动车交通事故责任强制保险和机动车商业保险两大类别,其中机动车商业保险又分为基本险和附加险两种类别。中国保险行业协会规范了机动车商业保险中一些常用险种的条款,制定了"机动车商业保险行业基本条款"共三款,涵盖了车辆损失险、第三者责任险、车上人员责任险、盗抢险、不计免赔率特约险、玻璃单独破碎险、车身划痕损失险和可选免赔额特约险8个险种,新增了机动车损失保险无法找到第三方特约险。其中,车上人员责任险和盗抢险分别提供了主险和附加险两套条款,供各保险公司自主选择。各经营商业车险业务的保险公司可选择使用车险行业条款或自主开发车险条款,并可以在车险行业条款基础上开发补充性车险产品和其他特色车险产品。

2. 汽车商业保险险种

现各家保险公司经营的汽车商业保险险种大致有以下几种。

(1)车辆损失险。车辆损失险以机动车辆本身作为保险标的,分为家庭自用汽车条款、营业用汽车条款、非营业用汽车条款,各条款分别适用不同客户群和车辆类型对象;各条款注明保险合同由保险条款、投保单、保险单、批单和特别约定五个部分组成。

(2) 第三者责任险。第三者责任险简称三者险,以被保险人对第三者依法应承担的民事赔偿责任为保险标的。它是被保险人或其允许驾驶人在使用保险车辆过程中发生意外事故,致使第三者遭受人身伤亡或财产的直接损毁,在法律上应由被保险人承担的经济赔偿责任转由保险人代位负责赔偿的一种保险。第三者责任险有法定保险和商业保险之分。第三者是指除投保人、被保险人、保险人以外的,因保险车辆发生意外事故遭受人身伤亡或财产损失的保险车辆下的受害者。第三者责任保险合同由保险条款、投保单、保险单、批单和特别约定组成。

(3) 盗抢险。包括保险人承保保险车辆被盗窃、抢劫、抢夺,经出险当地县级以上公安刑侦部门立案证明,满60天未查明下落的全车损失;保险车辆全车被盗窃、抢劫、抢夺后,受到损坏或车上零部件、附属设备丢失需要修复的合理费用;以及保险车辆在被抢劫、抢夺过程中,受到损坏需要修复的合理费用。但不承担非全车遭盗窃。

(4) 车上人员责任险。保险人负责赔偿因发生意外事故,造成保险车辆上人员的人身伤亡,依法应由被保险人承担的经济赔偿责任。但不负责违章搭乘人员的人身伤亡和车上人员因疾病、分娩、自残、斗殴、自杀、犯罪行为造成的自身伤亡或在车下时遭受的人身伤亡。

(5) 附加险。

① 不计免赔率特约条款。经特别约定,保险人负责保险车辆发生事故后,按照对应投保的主险条款规定的免赔率计算的、应当由被保险人自行承担的免赔金额部分,保险人负责赔偿。

② 不计免赔额特约条款。经特别约定,保险人负责保险车辆发生事故后,按照对应投保的主险条款规定,应当由被保险人自行承担的免赔额,保险人负责赔偿。

③ 交通事故精神损害赔偿责任保险。适用同时投保第三者责任保险和车上人员责任险的车辆。保险人负责赔偿保险车辆在使用过程中,发生交通事故,致使第三者人员或本车上人员的残疾、烧伤、死亡或怀孕妇女流产,受害方据此提出精神损害赔偿请求,依照法院生效判决或者经事故双方当事人协商一致并经保险人书面同意,应由被保险人承担的精神损害赔偿责任。

④ 玻璃单独破碎险。保险人负责赔偿保险车辆在使用过程中发生风窗玻璃或车窗玻璃的单独破碎的损失。但不负责安装、维修车辆过程中造成的玻璃单独破碎。本附加险在保险期限内发生赔款,续保时,不影响除本附加险以外的其他险种的无赔款保险费优待。

⑤ 无过失责任险。保险人承保因保险车辆与非机动车辆或行人发生交通事故,造成对方的人身伤亡或财产直接损毁,保险车辆方无过失,且被保险人拒绝赔偿未果,对被保险人已经支付给对方而无法追回的费用,保险人按照《中华人民共和国道路交通安全法实施条例》和出险当地的道路交通事故处理规定标准,在责任限额内计算赔偿。

⑥ 车辆停驶损失险。保险人承担因发生车辆损失保险的保险事故,致使保险车辆停驶的赔偿责任。但不承担被保险人或驾驶人员未及时将保险车辆送修或拖延修理时间造成的损失和因修理质量不合格,返修造成的损失。

⑦ 车上货物责任险。保险人承担发生意外事故,致使保险车辆所载货物遭受直接损毁,

依法应由被保险人承担的经济赔偿责任,以及被保险人为减少所载货物损失支付的必要的、合理的施救费用。责任限额由投保人和保险人在投保时协商确定。

⑧火灾、爆炸、自燃损失险。适用于营业用汽车。保险人承担保险车辆发生火灾、爆炸、自燃造成的损失和发生保险事故时,被保险人为防止或减少保险车辆的损失所支付的必要的、合理的施救费用。但不承担仅造成电器、线路、供油系统的自燃损失;所载货物自身的损失;轮胎爆裂的损失。保险金额由投保人和保险人在投保时保险车辆的实际价值内协商确定。

⑨自燃损失险。保险人承担保险车辆因保险车辆电器、线路、供油系统发生故障或所载货物自身原因起火燃烧造成本车的损失和发生保险事故时,被保险人为防止或者减少保险车辆的损失所支付的必要的、合理的施救费用。但不承担仅造成电器、线路、供油系统的自燃损失和所载货物自身的损失。

⑩车身划痕损失险。适用家庭自用或非营业用、使用年限在三年以内、9座以下的客车。保险人承担无明显碰撞痕迹的车身划痕损失。但不承担被保险人及其家庭成员、驾驶人员及其家庭成员的故意行为造成的损失。保险金额为5 000元。发生保险事故在保险金额内按实际修理费用计算赔偿。

⑪新增加设备损失险。新增加设备,是指保险车辆出厂时原有各项设备以外,被保险人加装的设备及设施。在投保时列明车上新增加设备明细表及价格。保险金额根据新增加设备的实际价值确定。保险事故发生造成车上新增加设备的直接损毁,保险人按照实际损失计算赔偿。每次赔偿的免赔率以本条款所对应的主险条款规定为准。

⑫车辆出境保险条款。适用于已承保车辆损失险、第三者责任险的保险责任扩展至香港、澳门特别行政区,与中华人民共和国接壤的其他国家和地区。扩展区域从出境处起算,由投保人和保险人按照200km、500km和1 000km的半径范围来确定。但保险人不负责非扩展区域内保险车辆发生事故造成的损失。

⑬意外事故污染责任保险。适用于同时投保车辆损失险和第三者责任险的车辆。保险人承担保险车辆在使用过程中发生意外事故,由于车辆本身油料或所载货物产生污染致使第三者遭受人身伤亡或财产直接损毁,依法应由被保险人承担的经济赔偿责任,以及经保险人事先书面同意对应由被保险人支付的仲裁或者诉讼费用和其他费用最高不超过责任限额30%的赔偿。

⑭换件特约条款。适用于已投保车辆损失险的家庭自用或非营业用、使用年限在三年以内、9座以下的客车。保险车辆发生车辆损失事故,造成损坏而需要修复时,对受损零部件维修费用达到该部件更换费用20%的,保险人按照保险合同的约定对应予修理的配件给予更换。

⑮救助特约条款。适用于已投保车辆损失险的车辆。保险车辆在行驶过程中发生事故或故障,保险人给予下列赔偿或救助:

a. 被保险人为防止或者减少保险车辆的损失所支付的必要的、合理的施救费用。

b. 在约定的救助区域内,因保险车辆发生意外事故或故障致使保险车辆无法行驶,经被保险人申请,保险人提供拖车、简单故障现场急修等。

⑯特种车辆保险批单。

a. 起重、装卸、挖掘车辆损失扩展条款扩展承保保险特种车辆,因作业中车体失去重心造成保险特种车辆的自身损失和吊升、举升的物体造成保险特种车辆的自身损失。

　　b. 特种车辆固定设备、仪器损坏扩展条款扩展承保保险特种车辆上固定的设备、仪器因超负荷、超电压或感应电及其他电气原因造成的自身损失。

三、汽车交通事故强制责任保险

　　1. 我国机动车交通事故强制保险的保险责任及免责

　　我国的机动车交通事故强制保险是以《机动车交通事故责任强制保险条例》(以下简称《条例》)的形式制定的。其中,机动车是指汽车、电车、电瓶车、摩托车、拖拉机及各种专用机械车、特种车。

　　我国的机动车第三者责任保险,是指由保险公司(第一方)对被保险机动车发生道路交通事故造成本车人员、被保险人(第二方)以外的受害人(第三方)的人身伤亡、财产损失依照法律法规和保险合同的规定给予赔偿的一种保险。该险种保障的是交通事故第三方受害人的利益,本身带有较强的公益性,涉及人群范围广。因此,世界上很多国家,特别是发达国家为保障社会公众利益,通过制定相关法律强制机动车投保机动车交通事故强制责任保险(以下简称交强险)。

　　(1)保险责任。《条例》第八条规定:在中华人民共和国境内(不含港、澳、台地区),被保险人在使用被保险机动车过程中发生交通事故,致使受害人遭受人身伤亡或者财产损失,依法应当由被保险人承担的损害赔偿责任,保险人按照交强险合同的约定对每次事故在下列赔偿限额内负责赔偿:

　　①死亡伤残赔偿限额为110 000元。

　　②医疗费用赔偿限额为10 000元。

　　③财产损失赔偿限额为2 000元。

　　④被保险人无责任时,无责任死亡伤残赔偿限额为11 000元;无责任医疗费用赔偿限额为1 000元;无责任财产损失赔偿限额为100元。

　　死亡伤残赔偿限额和无责任死亡伤残赔偿限额项下包括:赔偿丧葬费、死亡补偿费、受害人亲属办理丧葬事宜支出的交通费用、残疾赔偿金、残疾辅助器具费、护理费、康复费、交通费、被扶养人生活费、住宿费、误工费,以及被保险人依照法院判决或者调解承担的精神损害抚慰金。

　　医疗费用赔偿限额和无责任医疗费用赔偿限额项下包括:赔偿医药费、诊疗费、住院费、住院伙食补助费,以及必要的、合理的后续治疗费、整容费、营养费。

　　(2)垫付与追偿。《条例》第九条规定:被保险机动车在本条(1)至(4)之一的情形下发生交通事故,造成受害人受伤需要抢救的,保险人在接到公安机关交通管理部门的书面通知和医疗机构出具的抢救费用清单后,按照国务院卫生主管部门组织制定的交通事故人员创伤临床诊疗指南和国家基本医疗保险标准进行核实。对于符合规定的抢救费用,保险人在医疗费用赔偿限额内垫付。被保险人在交通事故中无责任的,保险人在无责任医疗费用赔偿限额内垫付。对于其他损失和费用,保险人不负责垫付和赔偿。

①驾驶人未取得驾驶资格的；
②驾驶人醉酒的；
③被保险机动车被盗抢期间肇事的；
④被保险人故意制造交通事故的。

对于垫付的抢救费用，保险人有权向致害人追偿。

(3) 责任免除。《条例》第十条规定：下列损失和费用，交强险不负责赔偿和垫付。
①因受害人故意造成的交通事故的损失；
②被保险人所有的财产及被保险机动车上的财产遭受的损失；
③被保险机动车发生交通事故，致使受害人停业、停驶、停电、停水、停气、停产、通信或者网络中断、数据丢失、电压变化等造成的损失以及受害人财产因市场价格变动造成的贬值、修理后因价值降低造成的损失等其他各种间接损失；
④因交通事故产生的仲裁或者诉讼费用以及其他相关费用。

2. 机动车交通事故强制保险与商业第三者责任险的区别

交强险和商业第三者责任险都是第三者责任险，但是它们在赔偿原则、保障范围、实施方式等细则不同。现将其归纳如下：

(1) 赔偿原则不同。根据《道路交通安全法》的规定，对机动车发生交通事故造成人身伤亡、财产损失的，由保险公司在交强险责任限额范围内予以赔偿。而商业第三者责任险中，保险公司是根据投保人或被保险人在交通事故中应负的责任来确定赔偿责任。

(2) 保障范围不同。除了《条例》规定的个别事项外，交强险的赔偿范围几乎涵盖了所有道路交通责任风险。而商业第三者责任险中，保险公司不同程度地规定有免赔额、免赔率或责任免除事项。

(3) 实施方式不同。交强险具有强制性。根据《条例》规定，机动车的所有人或管理人都应当投保交强险，同时，保险公司不能拒绝承保、不得拖延承保和不得随意解除合同。而商业第三者责任险是基于保险双方自愿原则进行投保。

(4) 根据《条例》规定，交强险实行全国统一的保险条款和基础费率，保监会按照交强险业务总体上"不盈利不亏损"的原则审批费率。

(5) 交强险实行分项责任限额。而第三者责任险并不区分责任限额。

(6) 第三者责任险在交强险赔偿后予以补充赔偿。

3. 机动车交通事故强制保险的基础费率

交强险实行统一的保险条款和基础保险费率(表 3-1)。保监会按照总体上不盈利不亏损的原则审批保险费率。保险公司经营此项业务应当与其他业务分开管理、单独核算。《条例》要求逐步实现保险费率与交通违章挂钩。安全驾驶者可以享有优惠的费率，经常肇事者将负担高额保费。

机动车交通事故责任强制保险基础费率表(节选)　　　　表3-1

车辆大类	序号	车辆明细分类	保费(人民币元)
一、家庭自用车	1	家庭自用汽车6座以下	950
	2	家庭自用汽车6座及以上	1 100

续上表

车辆大类	序号	车辆明细分类	保费(人民币元)
二、非营业客车	3	企业非营业汽车6座以下	1 000
	4	企业非营业汽车6~10座	1 130
	5	机关非营业汽车6座以下	950
	6	机关非营业汽车6~10座	1 070
三、营业客车	7	营业出租租赁6座以下	1 800
	8	营业出租租赁6~10座	2 360
	9	营业城市公交20~36座	3 020
	10	营业城市公交36座以上	3 140
	11	营业公路客运20~36座	3 420
	12	营业公路客运36座以上	4 690

4. 机动车交通事故强制保险费的计算

除首次投保交强险的机动车费率不浮动外,机动车交强险保单,实行交强险费率与道路交通事故相联系浮动,见表3-2。

浮动因素及比率   表3-2

	浮动因素		浮动比率(%)
与道路交通事故相联系的浮动A	A1	上一个年度未发生有责任道路交通事故	-10
	A2	上两个年度未发生有责任道路交通事故	-20
	A3	上三个及以上年度未发生有责任道路交通事故	-30
	A4	上一个年度发生一次有责任不涉及死亡的道路交通事故	0
	A5	上一个年度发生两次及两次以上有责任道路交通事故	10
	A6	上一个年度发生有责任道路交通死亡事故	30

例如,上一年度未发生有责任道路交通事故,也无交通违法,则:

今年交强险最终保险费 = 950 × (1 - 10%) = 855(元)

下面列举几种特殊情况的交强险费率浮动方法:

(1)首次投保交强险的机动车费率不浮动。

(2)在保险期限内,被保险机动车所有权转移,应当办理交强险合同变更手续,且交强险费率不浮动。

(3)机动车临时上道路行驶或境外机动车临时入境投保短期交强险的,交强险费率不浮动。其他投保短期交强险的情况下,根据交强险短期基准保险费并按照上述标准浮动。

(4)被保险机动车经公安机关证实丢失后追回的,根据投保人提供的公安机关证明,在丢失期间发生道路交通事故的,交强险费率不向上浮动。

(5)机动车上一期交强险保单满期后未及时续保的,浮动因素计算区间仍为上期保单出单日至本期保单出单日之间。

(6)在全国车险信息平台联网或全国信息交换前,机动车跨省变更投保地时,如投保人能提供相关证明文件的,可享受交强险费率向下浮动。不能提供的,交强险费率不浮动。

四、机动车商业保险

2006年7月1日,伴随交强险的实施,中国保险行业协会推出了包括机动车车辆损失险和商业第三者责任险两个险种的A、B和C三款商业车险产品。2012年3月14日,中国保险行业协会正式发布《中国保险行业协会机动车辆商业保险示范条款》(以下简称《示范条款》),为保险公司提供了汽车商业保险条款范本。《示范条款》主要有四个特点:

(1)调整机动车损失保险承保、理赔方式,强化保护消费者的利益。《示范条款》明确规定:机动车损失保险的保险金额按投保时被保险机动车的实际价值确定。被保险机动车发生全部损失,保险公司按保险金额进行赔偿;发生部分损失,保险公司按实际修复费用在保险金额内计算赔偿。同时,《示范条款》还规定,因第三方对被保险机动车的损害而造成保险事故的,保险公司可以在保险金额内先行赔付被保险人,然后代为行使被保险人对第三方请求赔偿的权利。消费者在发生机动车损失保险事故后,可直接向自身投保的保险公司进行索赔,免去了和第三方之间的沟通。

(2)扩大保险责任,减少免赔事项,提高汽车保险的保障能力。《示范条款》将原有汽车商业保险中"教练车特约""租车人人车失踪""法律费用""倒车镜车灯单独损坏""车载货物掉落"附加险的保险责任直接纳入主险保险责任;删除了原有汽车商业保险条款实践中存在一定争议的十余条责任免除,如"驾驶证失效或审验未合格""发生保险事故时无公安机关交通管理部门核发的合法有效行驶证、号牌,或临时号牌或临时移动证";免去了原有汽车商业保险条款中的部分绝对免赔率,从而有效扩大了汽车商业保险的保险责任范围,使汽车商业保险的保障更能满足广大消费者的需要。

(3)强化如实告知,简化索赔资料,提升汽车保险服务水平。《示范条款》对原有汽车商业保险条款中的概念、文字进行了修改和完善,尤其是对消费者最为关心的保险责任、责任免除和赔偿处理等内容进行了完善。强化了保险公司如实告知的义务,便于广大消费者更好地理解汽车保险条款。同时,《示范条款》对汽车商业保险的索赔资料进行了简化,如不再要求机动车损失保险索赔提供营运许可证或道路运输许可证复印件,不再要求机动车全车盗抢险索赔提供驾驶证复印件、行驶证正副本、全套原车钥匙等资料,便于广大消费者更快捷地办理索赔手续,提升汽车保险理赔效率和服务水平。

(4)简化产品体系,优化条款条例,便于车主阅读理解。《示范条款》简化了汽车商业保险的产品体系,除对特种车、摩托车、拖拉机、单程提车单独设置条款外,其余机动车均采用统一的条款。

2012版的机动车商业保险行业基本条款扩大了覆盖范围,除原有的机动车损失险、机动车第三者责任险外,又将机动车车上人员责任险、机动车辆全车盗抢险、玻璃单独破碎险、车身划痕损失险、车损免赔额险、不计免赔率特约险6个险种也纳入了车险行业基本条款的范围,共计8个险种。

以下,重点以A条款为例进行学习。

1.机动车商业保险行业基本条款(A款)

1)机动车第三者责任保险条款

本条款适用于中国人保财险、中国大地保险、华泰财险、大众保险、阳光财险、永安财险、中华联合财险、天安保险、安邦财险、中国人寿财险、日本东京海上日动火灾保险公司上海分公司等财产保险公司。其中,车上人员责任保险和机动车盗抢保险分别提供了主险和附加险两套条款,保险责任和费率完全相同,供各保险公司自主选择;不计免赔率特约条款的投保条件在条款中未作明确规定,其适用范围由各保险公司自主确定。

（1）保险责任。保险期间内,被保险人或其允许的合法驾驶人在使用被保险机动车过程中发生意外事故,致使第三者遭受人身伤亡或财产直接损毁,依法应当由被保险人承担的损害赔偿责任,保险人依照本保险合同的约定,对于超过机动车交通事故责任强制保险各分项赔偿限额以上的部分负责赔偿。

（2）责任免除。

①在上述保险责任范围内,下列情况下,不论何种原因造成的人身伤亡、财产损失和费用,保险人均不负责赔偿。

a. 被保险机动车造成下列人身伤亡或财产损失,不论在法律上是否应当由被保险人承担赔偿责任,保险人均不负责赔偿:

事故发生后,被保险人或其允许的驾驶人在未依法采取措施的情况下驾驶被保险机动车或者遗弃被保险机动车逃离事故现场,或故意破坏、伪造现场,毁灭证据。

b. 驾驶人有下列情形之一者:

a) 饮酒、吸食或注射毒品、服用国家管制的精神药品或者麻醉药品。

b) 无驾驶证,驾驶证被依法扣留、暂扣、吊销、注销期间。

c) 驾驶与驾驶证载明的准驾车型不相符合的机动车。

d) 实习期内驾驶公共汽车、营运客车或者执行任务的警车、载有危险物品的机动车或牵引挂车的机动车。

e) 驾驶出租机动车或营业性机动车无交通运输管理部门合法的许可证书或其他必备证书。

f) 学习驾驶时无合法教练员随车指导。

g) 非被保险人允许的驾驶人。

c. 被保险机动车有下列情形之一者:

a) 发生保险事故时被保险机动车行驶证、号牌被注销的,或未按规定检验或检验不合格。

b) 被扣押、收缴、没收、政府征用期间。

c) 在竞赛、测试期间,在营业性场所维修、维护、改装期间。

d) 全车被盗窃、被抢劫、被抢夺,下落不明期间。

②下列原因导致的人身伤亡、财产损失和费用,保险人不负责赔偿:

a. 地震及其次生灾害、战争、军事冲突、恐怖活动、暴乱、污染（含放射性污染）、核反应、核辐射。

b. 被保险机动车在行驶过程中翻斗突然升起或没有放下翻斗,或自卸系统（含机件）失灵。

c. 第三者、被保险人或其允许的驾驶人的故意行为、犯罪行为,第三者与被保险人或其他致害人恶意串通的行为。

d. 被保险机动车被转让、改装、加装或改变使用性质等,导致被保险机动车危险程度显著增加,且被保险人、受让人未及时通知保险人。

③下列人身伤亡、财产损失和费用,保险人不负责赔偿:

a. 被保险机动车发生意外事故,致使任何单位或个人停业、停驶、停电、停水、停气、停产、通信或者网络中断、数据丢失、电压变化等造成的损失以及其他各种间接损失。

b. 第三者财产因市场价格变动造成的贬值、修理后价值降低引起的减值损失。

c. 被保险人及其家庭成员、被保险人允许的驾驶人及其家庭成员所有、承租、使用、管理、运输或代管的财产的损失,以及本车上财产的损失。

d. 被保险人及其家庭成员、被保险人允许的驾驶人及其家庭成员、本车车上人员的人身伤亡。

e. 停车费、保管费、扣车费、罚款、罚金或惩罚性赔款。

f. 超出《道路交通事故受伤人员临床诊疗指南》和国家基本医疗保险标准的医疗费用。

g. 精神损害抚慰金。

h. 律师费,未经保险人事先书面同意的诉讼费、仲裁费。

i. 投保人、被保险人或其允许的驾驶人知道保险事故发生后,故意或者因重大过失未及时通知,致使保险事故的性质、原因、损失程度等难以确定的,保险人对无法确定的部分,不承担赔偿责任,但保险人通过其他途径已经及时知道或者应当知道保险事故发生除外。

j. 因被保险人违反《示范条款》第三十四条规定,导致无法确定的损失。

k. 应当由交强险赔偿的损失和费用。

l. 保险事故发生时,被保险机动车未投保交强险或交强险合同已经失效的,对于交强险责任限额以内的损失和费用,保险人不负责赔偿。

④保险人在依据本保险合同约定计算赔款的基础上,在保险单载明的责任限额内,按下列免赔率免赔:

a. 被保险机动车负次要事故责任的免赔率为5%,负同等事故责任的免赔率为10%,负主要事故责任的免赔率为15%,负全部事故责任的免赔率为20%。

b. 违反安全装载规定的,增加免赔率10%。

c. 投保时指定驾驶人,保险事故发生时为非指定驾驶人使用被保险机动车的,增加免赔率10%。

d. 投保时约定行驶区域,保险事故发生在约定行驶区域以外的,增加免赔率10%。

(3)责任限额。

①每次事故的责任限额,由投保人和保险人在签订本保险合同时按保险监管部门批准的限额档次协商确定。

②主车和挂车连接使用时视为一体,发生保险事故时,由主车保险人和挂车保险人按照保险单上载明的机动车第三者责任保险责任限额的比例,在各自的责任限额内承担赔偿责任,但赔偿金额总和以主车的责任限额为限。

(4)保险期间。

除另有约定外,保险期间为一年,以保险单载明的起讫时间为准。

(5)赔偿处理。

①索赔条件。

a. 被保险人索赔时,应当向保险人提供与确认保险事故的性质、原因、损失程度等有关的证明和资料。

b. 被保险人应当提供保险单、损失清单、有关费用单据、被保险机动车行驶证和发生事故时驾驶人的驾驶证。

c. 属于道路交通事故的,被保险人应当提供公安机关交通管理部门或法院等机构出具的事故证明、有关的法律文书(判决书、调解书、裁定书、裁决书等)及其他证明。

d. 属于非道路交通事故的,应提供相关的事故证明。

②保险车辆修复标准。因保险事故损坏的第三者财产,应当尽量修复。修理前被保险人应当会同保险人检验,协商确定修理项目、方式和费用。否则,保险人有权重新核定;无法重新核定的,保险人有权拒绝赔偿。

③事故责任比例的确定。保险人依据被保险机动车驾驶人在事故中所负的事故责任比例,承担相应的赔偿责任。被保险人或被保险机动车驾驶人根据有关法律法规规定选择自行协商或由公安机关交通管理部门处理事故未确定事故责任比例的,按照下列规定确定事故责任比例:

被保险机动车方负主要事故责任的,事故责任比例为70%。

被保险机动车方负同等事故责任的,事故责任比例为50%。

被保险机动车方负次要事故责任的,事故责任比例为30%。

(6)保险费调整与计算。

①保险费调整。保险费调整的比例和方式以保险监管部门批准的机动车保险费率方案的规定为准。

本保险及其附加险根据上一保险期间发生保险赔偿的次数,在续保时实行保险费浮动。

②保险费计算(表3-3)。

$$保险费 = N \times A \times (1.05 - 0.025N) \div 2$$

式中:A——同档次限额为100万元时的第三者责任险保险费;

N = 限额 ÷ 50万元,限额必须是50万元的倍数。

××地区××保险公司第三者责任险费率表 表3-3

家庭自用汽车与非营业用车		第三者责任保险						
		5万元	10万元	15万元	20万元	30万元	50万元	100万元
家庭自用汽车	6座以下	785	1 099	1 240	1 335	1 492	1 772	2 308
	6~10座	672	941	1 062	1 142	1 277	1 517	1 976
	10座以上	672	941	1 062	1 142	1 277	1 517	1 976

(7)合同变更和终止。

①本保险合同的内容如需变更,须经保险人与投保人书面协商一致。

②在保险期间内,被保险机动车转让他人的,投保人应当书面通知保险人并办理批改手续。

③保险责任开始前,投保人要求解除本保险合同的,应当向保险人支付应交保险费5%的退保手续费,保险人应当退还保险费。保险责任开始后,投保人要求解除本保险合同的,自通知保险人之日起,本保险合同解除。保险人按短期月费率收取自保险责任开始之日起至合同解除之日止期间的保险费,并退还剩余部分保险费。见表3-4。

短 期 月 费 率 表　　　　　　　表3-4

保险期间(月)	1	2	3	4	5	6	7	8	9	10	11	12
短期月费率(%)	10	20	30	40	50	60	70	80	85	90	95	100

注:保险期间不足一个月的部分,按一个月计算。

2.机动车车辆损失保险条款

(1)保险责任。保险期间内,被保险人或其允许的合法驾驶人在使用被保险机动车过程中,因下列原因造成被保险机动车的损失,保险人依照本保险合同的约定负责赔偿:

①碰撞、倾覆、坠落。

②火灾、爆炸。

③外界物体坠落、倒塌。

④暴风、龙卷风、雷击、雹灾、暴雨、洪水、海啸、地陷、冰陷、崖崩、雪崩、泥石流、滑坡。

⑤载运被保险机动车的渡船遭受自然灾害(只限于驾驶人随船的情形)。

⑥发生保险事故时,被保险人为防止或者减少被保险机动车的损失所支付的必要的、合理的施救费用,由保险人承担,最高不超过保险金额的数额。

(2)责任免除。下列情况下,不论任何原因造成被保险机动车损失,保险人均不负责赔偿。

①地震。

②战争、军事冲突、恐怖活动、暴乱、扣押、收缴、没收、政府征用。

③竞赛、测试,在营业性维修、养护场所修理、养护期间。

④利用被保险机动车从事违法活动。

⑤驾驶人饮酒、吸食或注射毒品、被药物麻醉后使用被保险机动车。

⑥事故发生后,被保险人或其允许的驾驶人在未依法采取措施的情况下驾驶被保险机动车或者遗弃被保险机动车逃离事故现场,或故意破坏、伪造现场,毁灭证据。

⑦驾驶人有下列情形之一者:

a.无驾驶证或驾驶证有效期已届满。

b.驾驶的被保险机动车与驾驶证载明的准驾车型不符。

c.持未按规定审验的驾驶证,以及在暂扣、扣留、吊销、注销驾驶证期间驾驶被保险机动车。

d.依照法律法规或公安机关交通管理部门有关规定不允许驾驶被保险机动车的其他情况下驾车。

⑧非被保险人允许的驾驶人使用被保险机动车。

⑨被保险机动车转让他人,未向保险人办理批改手续。

⑩除另有约定外,发生保险事故时被保险机动车无公安机关交通管理部门核发的行驶证或号牌,或未按规定检验或检验不合格。

另外，被保险机动车的下列损失和费用，保险人不负责赔偿：

a. 自然磨损、朽蚀、腐蚀、故障。

b. 玻璃单独破碎，车轮单独损坏。

c. 无明显碰撞痕迹的车身划痕。

d. 人工直接供油、高温烘烤造成的损失。

e. 自燃以及不明原因火灾造成的损失。

f. 遭受保险责任范围内的损失后，未经必要修理继续使用被保险机动车，致使损失扩大的部分。

g. 因污染（含放射性污染）造成的损失。

h. 市场价格变动造成的贬值、修理后价值降低引起的损失。

i. 标准配置以外新增设备的损失。

j. 发动机进水后导致的发动机损坏。

k. 被保险机动车所载货物坠落、倒塌、撞击、泄漏造成的损失。

l. 被盗窃、抢劫、抢夺，以及因被盗窃、抢劫、抢夺受到损坏或车上零部件、附属设备丢失。

m. 被保险人或驾驶人的故意行为造成的损失。

n. 应当由机动车交通事故责任强制保险赔偿的金额。

（3）免赔率计算。保险人在依据本保险合同约定计算赔款的基础上，按照下列免赔率免赔：

①负次要事故责任的免赔率为5%，负同等事故责任的免赔率为10%，负主要事故责任的免赔率为15%，负全部事故责任或单方肇事事故的免赔率为20%。

②被保险机动车的损失应当由第三方负责赔偿的，无法找到第三方时，免赔率为30%。

③因违反安全装载规定导致保险事故发生的，保险人不承担赔偿责任；违反安全装载规定，但不是事故发生的直接原因的，增加10%的绝对免赔率。

④投保时指定驾驶人，保险事故发生时为非指定驾驶人使用被保险机动车的，增加10%的绝对免赔率。

⑤投保时约定行驶区域，保险事故发生在约定行驶区域以外的，增加免赔率10%。

⑥对于投保人与保险人在投保时协商确定绝对免赔额的，本保险在实行免赔率的基础上增加每次事故绝对免赔额。

（4）保险金额。保险金额由投保人和保险人从下列三种方式中选择确定，保险人根据确定保险金额的不同方式承担相应的赔偿责任：

①按投保时被保险机动车的新车购置价确定。本保险合同中的新车购置价是指在保险合同签订地购置与被保险机动车同类型新车的价格（含车辆购置税）。

投保时的新车购置价根据投保时保险合同签订地同类型新车的市场销售价格（含车辆购置税）确定，并在保险单中载明，无同类型新车市场销售价格的，由投保人与保险人协商确定。

②按投保时被保险机动车的实际价值确定。

本保险合同中的实际价值是指新车购置价减去折旧金额后的价格。

投保时被保险机动车的实际价值根据投保时的新车购置价减去折旧金额后的价格确定。

被保险机动车的折旧按月计算,不足一个月的部分,不计折旧。9座以下客车月折旧率为0.6%,10座以上客车月折旧率为0.9%,最高折旧金额不超过投保时被保险机动车新车购置价的80%。

折旧金额＝投保时的新车购置价×被保险机动车已使用月数×月折旧率

③在投保时被保险机动车的新车购置价内协商确定。

(5)保险期间。除另有约定外,保险期间为一年,以保险单载明的起讫时间为准。

(6)保险费及计算。按照被保险人类别、车辆用途、座位数/吨位数/排量/功率、车辆使用年限所属档次查找基准保费和费率。

保费＝基准保费＋保险金额×费率

下面以表3-5为基础来计算保费。

××地区××保险公司车辆损失费率表　　　　表3-5

家庭自用汽车与非营业用车		机动车损失保险			
		1年以下		1~2年	
		基础保费(元)	费率(%)	基础保费(元)	费率(%)
家庭自用汽车	6座以下	630	1.50	600	1.43
	6~10座	756	1.50	720	1.43
	10座以上	756	1.50	720	1.43
企业非营业客车	6座以下	385	1.28	367	1.21
	6~10座	462	1.21	440	1.15
	10~20座	462	1.30	440	1.24
	20座以上	481	1.30	459	1.24

【例3-1】 假定某5座家庭自用汽车投保车损险,车龄为1年以下,保险金额为10万元。在费率表上查得对应的基础保费为630元,费率为1.50%,则:

该车辆的保费＝630＋100 000×1.50%＝2 130(元)

如果保险金额变为15万元,则:

该车辆的保费＝539＋150 000×1.28%＝2 459(元)

【例3-2】 假定某7座企业非营业客车投保车损险,车龄为1年,保险金额为18万元。在费率表上查得对应的基础保费为348元,费率为0.91%,则:

该车辆的保费＝440＋180 000×1.15%＝2 510(元)

3.机动车辆全车盗抢保险条款

机动车辆全车盗抢险(盗抢险)的保险责任为全车被盗窃、抢劫、抢夺造成的车辆损失以及在被盗窃、抢劫、抢夺期间受到损坏或车上零部件、附属设备丢失需要修复的合理费用。机动车辆全车盗抢险的保险责任包含两部分:一是因被盗窃、抢劫、抢夺造成的保险车辆的损失;二是因保险车辆被盗窃、抢劫、抢夺造成的合理费用支出。对上述两部分费用,由保险公司在保险金额内负责赔偿。

（1）保险责任。保险期间内，被保险机动车的下列损失和费用，保险人依照本保险合同的约定负责赔偿：

①被保险机动车被盗窃、抢劫、抢夺，经出险当地县级以上公安刑侦部门立案证明，满60天未查明下落的全车损失。

②被保险机动车全车被盗窃、抢劫、抢夺后，受到损坏或车上零部件、附属设备丢失需要修复的合理费用。

③被保险机动车在被抢劫、抢夺过程中，受到损坏需要修复的合理费用。

（2）责任免除。下列情况下，不论任何原因造成被保险机动车损失，保险人均不负责赔偿：

①地震。

②战争、军事冲突、恐怖活动、暴乱、扣押、收缴、没收、政府征用。

③竞赛、测试、教练，在营业性维修、养护场所修理、养护期间。

④利用被保险机动车从事违法活动。

⑤驾驶人饮酒、吸食或注射毒品、被药物麻醉后使用被保险机动车。

⑥非被保险人允许的驾驶人使用被保险机动车。

⑦租赁机动车与承租人同时失踪。

⑧被保险机动车转让他人，未向保险人办理批改手续。

⑨除另有约定外，发生保险事故时被保险机动车无公安机关交通管理部门核发的行驶证或号牌，或未按规定检验或检验不合格。

⑩被保险人索赔时，未能提供机动车停驶手续或出险当地县级以上公安刑侦部门出具的盗抢立案证明。

另外，被保险机动车的下列损失和费用，保险人不负责赔偿：

①自然磨损、朽蚀、腐蚀、故障。

②遭受保险责任范围内的损失后，未经必要修理继续使用被保险机动车，致使损失扩大的部分。

③市场价格变动造成的贬值、修理后价值降低引起的损失。

④标准配置以外新增设备的损失。

⑤非全车遭盗窃，仅车上零部件或附属设备被盗窃或损坏。

⑥被保险机动车被诈骗造成的损失。

⑦被保险人因民事、经济纠纷而导致被保险机动车被抢劫、抢夺。

⑧被保险人及其家庭成员、被保险人允许的驾驶人的故意行为或违法行为造成的损失。

被保险机动车被盗窃、抢劫、抢夺期间造成人身伤亡或本车以外的财产损失，保险人不负责赔偿。保险人在依据本保险合同约定计算赔款的基础上，按下列免赔率免赔：

①发生全车损失的，免赔率为20%。

②发生全车损失，被保险人未能提供机动车行驶证、机动车登记证书、机动车来历凭证、车辆购置税完税证明（车辆购置附加费缴费证明）或免税证明的，每缺少一项，增加免赔率1%。

③投保时约定行驶区域,保险事故发生在约定行驶区域以外的,增加免赔率10%。

(3)保险金额。保险金额由投保人和保险人在投保时被保险机动车的实际价值内协商确定。本保险合同中的实际价值是指新车购置价减去折旧金额后的价格。

本保险合同中的新车购置价是指在保险合同签订地购置与被保险机动车同类型新车的价格(含车辆购置税)。投保时被保险机动车的实际价值根据投保时的新车购置价减去折旧金额后的价格确定。投保时的新车购置价根据投保时保险合同签订地同类型新车的市场销售价格(含车辆购置税)确定,并在保险单中载明,无同类型新车市场销售价格的,由投保人与保险人协商确定。

除另有约定外,保险期间为一年,以保险单载明的起讫时间为准。

(4)保险费及计算。按照新车购置价确定保险金额,全车盗抢险的标准保费计算公式如下:

$$标准保费 = 基础保费 + 保险金额 \times 费率$$

基础保费及费率见表3-6。

××地区××保险公司全车盗抢险费率表　　　　表3-6

家庭自用汽车与非营业用车		盗抢险	
		基础保费(元)	费率(%)
家庭自用汽车	6座以下	146	0.603
	6~10座	177	0.734
企业非营业客车	6座以下	126	0.510
	6~10座	123	0.47

4. 机动车车上人员责任保险条款

本保险合同中的车上人员是指保险事故发生时在被保险机动车上的自然人。

(1)保险责任。保险期间内,被保险人或其允许的合法驾驶人在使用被保险机动车过程中发生意外事故,致使车上人员遭受人身伤亡,依法应当由被保险人承担的损害赔偿责任,保险人依照本保险合同的约定负责赔偿。

(2)责任免除。被保险机动车造成下列人身伤亡,不论在法律上是否应当由被保险人承担赔偿责任,保险人均不负责赔偿:

①被保险人或驾驶人的故意行为造成的人身伤亡。

②被保险人及驾驶人以外的其他车上人员的故意、重大过失行为造成的自身伤亡。

③违法、违章搭乘人员的人身伤亡。

④车上人员因疾病、分娩、自残、斗殴、自杀、犯罪行为造成的自身伤亡。

⑤车上人员在被保险机动车车下时遭受的人身伤亡。

下列情况下,不论任何原因造成的对车上人员的损害赔偿责任,保险人均不负责赔偿。

①地震。

②战争、军事冲突、恐怖活动、暴乱、扣押、收缴、没收、政府征用。

③竞赛、测试、教练,在营业性维修、养护场所修理、养护期间。

④利用被保险机动车从事违法活动。

⑤驾驶人饮酒、吸食或注射毒品、被药物麻醉后使用被保险机动车。

⑥事故发生后,被保险人或其允许的驾驶人在未依法采取措施的情况下驾驶被保险机动车或者遗弃被保险机动车离开事故现场,或故意破坏、伪造现场,毁灭证据。

⑦驾驶人有下列情形之一者:

a. 无驾驶证或驾驶证有效期已届满。

b. 驾驶的被保险机动车与驾驶证载明的准驾车型不符。

c. 实习期内驾驶公共汽车、营运客车或者载有爆炸物品、易燃易爆化学物品、剧毒或者放射性等危险物品的被保险机动车,实习期内驾驶的被保险机动车牵引挂车。

d. 持未按规定审验的驾驶证,以及在暂扣、扣留、吊销、注销驾驶证期间驾驶被保险机动车。

e. 使用各种专用机械车、特种车的人员无国家有关部门核发的有效操作证,驾驶营运客车的驾驶人无国家有关部门核发的有效资格证书。

f. 依照法律法规或公安机关交通管理部门有关规定不允许驾驶被保险机动车的其他情况下驾车。

g. 非被保险人允许的驾驶人驾驶被保险机动车。

h. 被保险机动车转让他人,未向保险人办理批改手续。

i. 除另有约定外,发生保险事故时被保险机动车无公安机关交通管理部门核发的行驶证或号牌,或未按规定检验或检验不合格。

下列损失和费用,保险人不负责赔偿:

①精神损害赔偿。

②因污染(含放射性污染)造成的人身伤亡。

③仲裁或者诉讼费用以及其他相关费用。

④应当由机动车交通事故责任强制保险赔偿的损失和费用。

保险人在依据本保险合同约定计算赔款的基础上,按照下列免赔率免赔:

①负次要事故责任的免赔率为5%,负同等事故责任的免赔率为10%,负主要事故责任的免赔率为15%,负全部事故责任或单方肇事事故的免赔率为20%。

②投保时指定驾驶人,保险事故发生时为非指定驾驶人使用被保险机动车的,增加10%的绝对免赔率。

③投保时约定行驶区域,保险事故发生在约定行驶区域以外的,增加免赔率10%。

(3)责任限额。驾驶人每次事故责任限额和乘客每次事故每人责任限额由投保人和保险人在投保时协商确定。投保乘客座位数按照被保险机动车的核定载客数(驾驶人座位除外)确定。

(4)保险期间。除另有约定外,保险期间为一年,以保险单载明的起讫时间为准。

(5)保险费及计算。按照新车座位数来确定保险金额,车上人员责任险的标准保费计算公式如下:

$$标准保费 = 责任限额 \times 费率 \times 座位数$$

车上人员责任险费率见表3-7。

××地区××保险公司车上人员责任险费率表(单位:%)　　　　表3-7

家庭自用汽车与非营业用车		盗抢险	
		驾驶员	乘客
家庭自用汽车	6座以下	0.42	0.27
	6~10座	0.40	0.26
	10座以上	0.40	0.26

5. 玻璃单独破碎险条款

玻璃单独破碎险是指保险公司负责赔偿保险车辆在使用过程中,发生本车玻璃单独破碎损失的一种商业保险。玻璃单独破碎,是指被保车辆只有风窗玻璃和车窗玻璃(不包括车灯、车镜玻璃)出现破损的情况。

(1)保险责任。在保险期间内,保险车辆在使用过程中,发生本车风窗玻璃或车窗玻璃的单独破碎,保险人按实际损失赔偿。

(2)责任免除。保险车辆的下列损失,保险人不负责赔偿:

①灯具、车镜玻璃破碎。

②安装、维修车辆过程中造成玻璃的破碎。

(3)保险费及计算。按照新车购置价和国产玻璃及进口玻璃的不同来确定保险金额,玻璃单独破碎险的标准保费计算公式如下:

$$标准保费 = 新车购置价 \times 费率$$

玻璃单独破碎险费率见表3-8。

××地区××保险公司玻璃单独破碎险费率表(单位:%)　　　　表3-8

非营业客车		盗抢险	
		国产玻璃	进口玻璃
非营业客车	6座以下	0.170 0	0.280 5
	6~10座	0.170 0	0.280 5
	10座以上	0.204 0	0.340 0
	2t以下货车	0.093 5	0.153 0
	低速载货汽车	0.093 5	0.153 0

6. 车身划痕损失保险条款

车身划痕险是车损险的附加险,是指"他人恶意行为造成保险车辆车身人为划痕",划痕险的保费并不高,一般在几百元左右。投保了机动车损失保险,可投保本附加险。

(1)保险责任。无明显碰撞痕迹的车身划痕损失,保险人负责赔偿。

(2)责任免除。被保险人及其家庭成员、驾驶人及其家庭成员的故意行为造成的损失。

(3)保险金额。保险金额为2 000元、5 000元、10 000元或20 000元,由投保人和保险人在投保时协商确定。

(4)赔偿处理。

①在保险金额内按实际修理费用计算赔偿。

②每次赔偿实行15%的绝对免赔率,不适用主险中的各项免赔规定。

③在保险期间内,累计赔款金额达到保险金额,本附加险保险责任终止。

(5)保险费。按照新车购置价和保险金额的不同,车身划痕损失险的保费可查表3-9。

××地区××保险公司车身划痕损失险费率表(单位:元)　　　　表3-9

车　　龄	保　额　(元)	新车购置价		
		30万元以下	30万~50万元	50万元以上
2年以下	2 000	340	500	725
	5 000	485	765	935
	10 000	650	995	1 275
	20 000	970	1 515	1 915
2年及以上	2 000	520	765	935
	5 000	725	1 150	1 275
	10 000	1 105	1 530	1 700
	20 000	1 615	2 210	2 550

7. 不计免赔特约险条款

经特别约定,保险事故发生后,按照对应投保的主险条款规定的免赔率计算的、应当由被保险人自行承担的免赔金额部分,保险人负责赔偿。按照投保险种不同,其保险费率也不同,可查表3-10。

××地区××保险公司不计免赔额特约条款费率表(单位:%)　　　　表3-10

适用险种	费　率	适用险种	费　率
第三者责任保险	15	车身划痕损失险	15
机动车损失保险	15	盗抢险	20
车上人员责任险	15		

8. 机动车损失无法找到第三方特约险条款

投保了机动车损失保险后,可投保本附加险。投保了本附加险后,对于机动车损失保险责任免除中列明的,被保险机动车损失应当由第三方负责赔偿,但因无法找到第三方而增加的由被保险人自行承担的免赔金额,保险人负责赔偿。

9. 指定修理厂险条款

投保了机动车损失保险的机动车,可投保本附加险。投保人在投保时选择本附加险,并增加支付本附加险的保险费的,机动车损失保险事故发生后,被保险人可指定修理厂进行修理。

五、A、B、C 条款的区别

汽车商业保险 A、B、C 三大条款之间的差异并不大,各保险公司可以选择其中一款使用。目前,大多数保险公司采用的是人保的 A 类条款,部分公司采用的是平安的 B 类条款,只有太平洋用的是自己的 C 类条款。以下对 A、B、C 条款的行业产品来进行对比。

1. 车辆损失险

A、B、C 条款的车辆损失险在保险责任及责任免除等方面有所不同,下面以表3-11 ~ 表3-13 进行对比分析。

学习单元 3　汽车保险的投保

车辆损失险的保险责任与超载处理条款对比　　　　表 3-11

条款	C 条款	A 条款	B 条款
保险责任	受车上人员、货物意外撞击； 营业用车火灾、爆炸； 台风、热带风暴等自然灾害	特种车自燃	营业用车火灾、爆炸
超载处理	超载是事故的直接原因时为责任免除，否则承担全部赔偿责任，不增扣免赔	营业车超载是事故的直接原因时为责任免除，否则加扣10%免赔率	超载是事故的直接原因时为责任免除，否则加扣10%免赔率

车辆损失险的责任免除与保费计算条款对比　　　　表 3-12

条款	C 条款	A 条款	B 条款
责任免除		被保险机动车所载货物撞击造成的损失	本车所载货物的撞击
保费计算	按日费率计算短期保费	按短期费率表计算短期保费，保险责任开始前，投保人要求解除合同的，退保手续费为保费的5%	按短期费率表计算短期保费，保险责任开始前，投保人要求解除合同的，退保手续费为保费的3%

车辆损失险的免赔率条款对比　　　　表 3-13

条款	C 条款	A 条款	B 条款
免赔率	事故责任免赔率（全责15%，主责10%，同责8%，次责5%）； 应由第三方赔偿而无法找到第三方，实行30%的绝对免赔率； 约定行驶区域外出险增加10%的绝对免赔率； 非指定驾驶人出险增加10%的绝对免赔率	自行协商处理事故不能提供证明，增加20%的绝对免赔率； 营业车出险时超载但并非事故直接原因的，增加10%的绝对免赔率	营业车出险时超载但并非事故直接原因的，增加10%的绝对免赔率； 指定驾驶人信息不真实增加10%的绝对免赔率

2. 第三者责任险

A、B、C 第三者责任险的区别体现在定义、责任免除和免赔率上，下面通过表 3-14、表 3-15 进行对比分析。

第三者责任险的定义与责任免除条款对比　　　　表 3-14

条款	C 条款	A 条款	B 条款
第三者定义	包括在车下的驾驶人、被保险人的家庭成员		
责任免除		包括在车下的驾驶人、被保险人的家庭成员	包括在车下的驾驶人、被保险人的家庭成员； 车载货物掉落

第三者责任险的免赔率条款对比　　　　　　　　　　　　　　　表 3-15

条款	C 条款	A 条款	B 条款
免赔率		事故责任免赔率（全责 20%，主责 15%，同责 10%，次责 5%）； 约定行驶区域外出险增加 10% 的绝对免赔率； 非指定驾驶人出险增加 10% 的绝对免赔率； 出险时超载，不论是否事故直接原因，增加 10% 的绝对免赔率	
			指定驾驶人信息不真实增加 10% 的绝对免赔率

3. 车上人员责任险

车上人员责任险体现在车上人员定义和责任免除的不同上，见表 3-16。

车上人员责任险的定义与责任免除条款对比　　　　　　　　　表 3-16

条款	C 条款	A 条款	B 条款
第三者定义	包括正在上下车的人员		
责任免除		事故责任免赔率（全责 15%，主责 10%，同责 8%，次责 5%）； 约定行驶区域外出险增加 10% 的绝对免赔率； 非指定驾驶人出险增加 10% 的绝对免赔率； 指定驾驶人信息不真实增加 10% 的绝对免赔率	

4. 全车盗抢险

全车盗抢险体现在责任免除和免赔率的不同上，见表 3-17、表 3-18。

全车盗抢险的责任免除条款对比　　　　　　　　　　　　　　表 3-17

条款	C 条款	A 条款	B 条款
责任免除		驾驶人饮酒、吸食或注射毒品、被药物麻醉后使用被保险车辆	

全车盗抢险的免赔率条款对比　　　　　　　　　　　　　　　表 3-18

条款	C 条款	A 条款	B 条款
免赔率		全车被盗抢免除 20%； 约定行驶区域外出险增加 10% 的绝对免赔率； 非指定驾驶人出险增加 5% 的绝对免赔率	
	索赔时未能提供行驶证、购车发票、完税证明（或免税证明）的，每缺少一项，增加 0.5% 的绝对免赔率	全车损失，未能提供机动车行驶证、登记证书、来历凭证、车辆购置税完税证明（车辆购置附加费缴费证明）或免税证明的，每少一项，增加免赔率 1%	指定驾驶人信息不真实增加 10% 的绝对免赔率； 索赔时未能提供行驶证、购车发票、完税证明（或免税证明）的，每缺少一项，增加 0.5% 的绝对免赔率； 全车被盗窃，原配全套车钥匙缺失的，增加 5% 的绝对免赔率

5. 其他附加险

其他附加险的区别在于免赔率上,见表3-19。

附加险免赔率条款对比　　　　　表3-19

条款	C 条款	A 条款	B 条款
自燃损失险	15%	20%	20%
车身油漆		15%	
涉水损失险	15%	20%	未明确
玻璃单独破碎险	无免赔	无免赔	无免赔

六、汽车投保险种的选择

对于投保人来说,在选择机动车保险时有更灵活的组合选择,由于交强险是强制性险种,按规定任何车辆都必须投保,其他的险种则在很大程度上依赖于车主的经济情况,根据自己的经济实力与实际需求有选择地进行投保。以下介绍几种机动车辆的保险组合方案。

1. 最低保障方案 A

组合险种:只投保交强险。

保障范围:只能在交强险的责任范围内对第三者的损失负赔偿责任。

适用群体:急于上牌照或通过年检的个人。

特点:只有最低保障、费用低,适用于那些怀有侥幸心理,认为保险没用的群体。

缺点:一旦撞车或撞人,对方的损失能得到保险公司少量的赔偿,且赔偿限额仅限于交强险的范围内,超出部分和本车的车辆损失均由自己承担。

2. 最低保障方案 B

组合险种:交强险 + 第三者责任险 5 万元。

保障范围:基本能满足第三者的损失赔偿。

适用对象:担心自己对他人造成较大损失而交强险难以支付的。

特点:相对于 A 方案,该方案对于第三者责任险已经做了一定金额的转移,但遇到较大风险时可能仍难以抵抗。此外,对于本车的车损仍未作保障。

缺点:一旦发生事故,对方车辆可获赔偿,而自己的车辆损失由自己承担。

3. 基本保障方案

组合险种:交强险 + 车辆损失险 + 第三者责任险(10 万~20 万元)。

保障范围:投保了交强险和商业保险两个主要基本险,未含其他附加险。

适用对象:相对于 A 方案,该方案适用于部分认为事故后维修费用很高的车主,该组合可以同时兼顾自己的车辆损失和第三者的人身伤亡、财产损失,为大多车主的选择。

缺点:部分风险不包含在内,最好能加入附加险。

4. 经济保险方案

组合险种:交强险 + 车辆损失险 + 第三者责任险(20 万元) + 全车盗抢险 + 不计免赔特约险。

适用对象：适用于擅于精打细算、有一定经济基础的车主。

特点：选择最必要、最有价值的险种进行投保，保险性价比较高。

5. 最佳保障方案

组合险种：交强险＋车辆损失险＋第三者责任险(30万元)＋车上责任险(5座/每座5万元)＋单独玻璃破碎险＋不计免赔特约险＋全车盗抢险。

适用对象：一般公司或经济条件较好的个人。

特点：在经济投保方案的基础上，增加第三责的保障到30万元，并附加了车上责任险和单独玻璃破碎险等附加险，使乘客和车损均得到安全保障。

6. 完全保障方案

组合险种：交强险＋车辆损失险＋第三者责任险(30万元)＋车上责任险(5座/每座5万元)＋单独玻璃破碎险＋不计免赔特约险＋全车盗抢险＋新增设备损失险＋自燃烧损失险＋全车盗抢险。

适用对象：机关、事业单位、大公司等。

特点：几乎与汽车有关的事故损失都能得到赔偿。

缺点：全险费用较高，某些险种出险的概率非常小。

七、填写投保单

投保人办理机动车辆保险时，应认真填写投保单。投保单是投保人向保险人申请办理保险的文字依据，也是保险人签发保险单的重要依据，同时还是保险合同的一个组成部分。因此，投保单上的各项内容要逐项填写清楚，如有涂改，须盖章更正。

以下是某财产保险股份有限公司车险的简易投保单(表3-20)，供参考。

×××财产保险有限公司车险投保单　　　　　　　　　　　表3-20

被保险人：		地址：		电话：	
车种/制造年份	发动机号码	牌照号码	颜色	用途	座位数/载质量
车损险	保险金额		人民币：		
	每次事故免赔额		人民币：		
第三者责任险	每次事故最高责任		人民币：		
(其他险种)					
保险期限：___个月　自___年___月___日零时至___年___月___日二十四时					
行驶区域：					
备注：					
投保人(签名盖章)：			日期：		

注：机动车辆保险投保单在业务员的指导下由投保人逐项如实填写各项内容。填写完毕，由投保人签章并注明填写日期。投保单的背面有张贴标的的拍摄照片、发动机及车架号拓印号码以及验车报告栏。

八、核保

核保,即保险公司核保员依照国家有关法律、机动车辆保险条款及相关业务规定,在授权范围内,按照各公司制定的核保细则,对投保人和投保机动车辆的风险因素进行识别、评估,决定是否承保以及以怎样的费率承保。

1. 单证、条款、费率的核保

单证的核保主要包括验证和验车;核保的条款和费率为各保险公司申报、经保监会批准颁发的机动车辆保险条款及费率规章,费率根据投保人填写的投保单,按"机动车辆保险费率表",根据投保车辆的种类、使用性质等因素确定。

2. 可保利益的核保

核保员要核实投保人或被保险人对车辆是否具有可保利益,特别是保险标的发生租赁、转让、转销、变卖、抵押等情况时,核保人有权要求业务经办人员提供有关投保人及投保车辆的详细风险资料,以查明投保人或被保险人的可保利益是否存在。

3. 投保人与被保险人的资信和标的以往损失记录的核保

核保人员必须了解投保人、被保险人的经营管理情况以及经营作风,以决定承保条件。此外,核保员还必须建立被保险人的风险档案,登录被保险人的以往损失情况,以限制损失严重、车辆状况差的投保人投保。

4. 对标的风险的分类的核保

核保员在核保时要根据标的的风险程度决定是正常承保、附条件承保还是拒保。

5. 保险金额、赔偿限额的核保

对车辆损失险的保险金额按每年编制的机动车辆新车购置价格表核定,以防止超额保险。对于使用三年以上的专业营运车辆的车辆损失险的保额,以投保时标的实际价值的80%为限。对大中型客车以及运载危险物品的车辆,适当限制第三者责任险赔偿限额。

6. 对于各种附加险的核保

略。

7. 对双方特别约定的事项的审核

如投保单的填写、业务经办员的签字、保险起讫期、验车报告等,也要认真审核。

在核保权限内,核保人核保完毕,在投保单上签署意见并签名,注明核保日期。对于超过核保权限的,应上报上级公司核保。对需要分保的业务,按总公司的要求作分保处理。

九、续保

续保,是指原保险合同有效期满后,投保人在原有保险合同的基础上向保险人提出续保申请,保险人根据投保人的实际情况,可对原合同条件作适当修改而继续签约承保的行为。

1. 发续保通知

业务员应在车辆保险临近期满前,以电话、信函、上门等方式向保险人及时发出续保通知,督促被保险人按时办理续保手续。

2. 续保享受无赔款优待的条件

(1) 上一保险期限届满。

(2)上一保险年度无赔款。
(3)本年度办理续保。
确定无赔款优待时应注意的几点:
①如车辆同时投保车损险、第三者责任险和附加险,只要任一险种发生赔偿,被保险人续保时就不能享受无赔款优待。
②保险车辆发生保险事故,续保时案件未决,被保险人不能享受无赔款优待。但事故处理后,保险人无赔款责任,则保险公司应退还被保险人因享受无赔款优待应减少的保险费。
③一年期限内,发生所有权转移的保险车辆,续保时不享受无赔款优待。
④无赔款优待仅限于续保的险种。上年度投保而本年度未续保的险种和本年度新投保的险种,均不能享受无赔款优待。

十、汽车保险营销

1. 我国汽车保险市场现状

汽车保险主要包括机动车交通事故责任强制险、第三者责任险、机动车辆损失险和附加险。近年来随着保险公司的竞争日趋激烈,车险市场增速回落,承保利润低。据不完全统计,2014年42家拥有车险业务的非上市财险公司公布的财务报告数据显示,其中有38家的车险业务出现了亏损。截至2015年11月,全行业实现车险保费收入5 526亿元,同比增长11.81%,较2014年下降5.03个百分点,增速下降较为明显,为近10年的最低增速。随着社会的发展、经济的进步、法律法规的调整及行业自身的变化,改革势在必行。

(1)车险改革初现成效。2015年6月1日,商业车险改革试点在黑龙江、山东等六个地区全面落地。保险公司开始销售新的商业车险产品,执行新的商业车险条款费率管理制度。据统计2015年6~8月,六个试点地区商业车险保费收入合计为147.36亿元,同比增长5.9%,保费收入实现平稳增长,经营效益得到了明显改善。

(2)车险销售渠道发展呈现新格局。一是电话销售渠道所占比例下降。2015年上半年,全行业电话销售渠道实现车险保费收入438.55亿元,同比增长1.49%,占车险业务的比例为14.65%,同比下降1.48个百分点。二是网络保险销售发展迅猛。2014年财险公司互联网保费收入505.7亿元,同比增长114%。2015年1~9月,全行业网络销售渠道实现车险保费收入493.7亿元,同比增长57.23%,占车险业务的比例为11%,同比上升3.2个百分点。

(3)互联网+车险势不可挡。伴随互联网模式和思维向汽车行业的深度渗透,跨界合作、产业融合不断加剧,互联网+车险是社会发展的必然趋势。一是2015年5月,保监会批准众安在线财产保险股份有限公司增加机动车保险和金融信息服务等业务,可以开展交强险和商业车险业务。11月10日,众安和平安保险公司联合推出共保合作模式的互联网车险品牌——保骉车险。二是随着新车销售下滑,汽车电商也异常火爆,除了专业汽车电商外,大部分互联网企业均涉足汽车电商及汽车后市场,试图用互联网思维颠覆传统汽车销售与服务模式。三是专车、快车、拼车等出行方式的出现,也需要保险公司调整保险产品满足其需要。

2. 影响我国汽车保险市场的不利因素

(1)汽车保险制度不健全。

①车险不能充分体现保障和补偿的作用。目前我国许多保险公司都是在保障利润的前提下,进行保险的。像交通事故发生后,保险公司拖延赔偿时有发生,而且许多公司收费过高,无法体现汽车险的补偿和保障功能。

②车险费用方面不合理。车险销售中回扣率过高,虽然保监会一再明令严禁手续费比例超过8%,但实际上手续费高返还的事实普遍存在,一些公司暗中给予车商15%～20%,甚至高达35%的返还。虽然各种行业自律公约比比皆是,但是自律协议毕竟缺乏法律上的约束力,常因各方利益不同而流于形式。由于目前汽车经销商掌握80%的客户资源,几乎垄断了汽车保户。出于扩大市场占有率的动机,往往需要借助汽车经销商来销售车险,因而给予汽车经销商大量回扣。

目前我国保险市场还处于市场培育期,依靠回扣、高赔付、高级公关活动维系的车险市场还很混乱,市场秩序亟待规范。

③车险市场到处都在实行价格竞争(表3-21)。从表3-21可以看出,这些大公司竞争十分激烈。它们多数是在实行价格战,通过不断改善自己内部结构,并不断降低价格来获得更大的市场份额。现在几乎所有的财险公司都用高手续费和费率打折的办法抢占市场,扩大规模。这必将导致车险市场的混乱。

2015年财险排名前五名公司的市场份额表(单位:%)　　　　表3-21

保险公司	市场份额比例	保险公司	市场份额比例
人保财险	33.36	国寿财险	5.98
平安财险	19.43	中华联合	4.67
太保财险	11.21	其他保险	25.35

(2)车险赔付率居高不下。据统计,2016年半年报数据显示,上半年人保财险总保费收入1 618.93亿元,同比增长10.7%;实现增量保费156.36亿元,居行业榜首。占据我国财险市场34.9%的市场份额,扭转了上市以来市场份额下滑的趋势,与2015年上半年和2015年全年的市场份额相比,分别提高了0.7和1.5个百分点。平安产险2016年上半年实现保费收入839.75亿元,同比增长2.9%;市场份额约为18.1%,比2015年同期下降了1个百分点。太平洋产险2016年上半年实现保险业务收入492.24亿元,同比增长1.7%;市场占有率为10.6%,同比下降了0.7个百分点。

导致车险的赔付率居高不下的原因是多方面的:

①抬高定损,假赔、骗赔案件大量增加。由于我国的保险市场还处于初级阶段,风险防范、市场监管能力都很薄弱,这导致车险赔案的水分极高,占到了20%～30%,其中相当大的部分属于人为骗赔。有的修理厂猖獗到专门雇佣两名工人,待车主离开修理厂后,对报修的车进行二次撞击。这样原本500元的损失,可以上涨到5 000元,甚至更高。

②施救费用是黑洞。除了假案和骗案外,另外一个容易被忽略的黑洞是施救费用。车辆损失险的赔付一般包括车本身的损失和施救费用。目前施救费用占车险总赔款的30%～35%,其中的漏洞非常多。曾发生这样一个案例:一辆贵州的解放货车,在贵州大方翻车后,吊车费用和人工费合计为1 800元,但是经过驾驶人"公关"后,交给保险公司的发票金额赫然变成2 600元。

(3)汽车保险奖惩制度不完善。

①奖惩力度不够。国外的奖惩系统(BMS)比较发达,奖励方案有18个等级。最高等级的保费水平为200%,最低等级为60%。各保险公司组成一个系统,来防止投保人通过转移保险公司来摆脱索赔的惩罚。我国虽然也有奖惩制度,但由于等级之间差异不大,故不足以发挥对驾驶人的约束。

②没有建立起完善的汽车投保人信息平台。在我国,如果投保人转移了保险公司,则该公司一般没有关于此客户以往索赔记录的资料,这样,要对其风险质量进行评估,实施奖惩就很困难。所以,一旦投保人换了保险公司投保,就可以逃避奖惩系统对他的惩罚,使奖惩制度在我国运作效果不好。

③没有考虑索赔额因素。我国很多公司的奖惩制度在根据驾驶人记录确定其级别时,通常只考察了他的索赔次数,对于其索赔金额并不计较。这不仅对索赔金额小的投保人不公平,也不利于保险人对投保人进行风险评估。

3. 解决及应对策略

(1)建立基础数据库,实现数据共享。在我国,尽管车险经营已有二十多年,但从整体来看,车险费率历来是从车的因素出发进行设计,考虑人的因素近期才开始设立。保险公司用于费率厘定的风险基础数据不齐全,客户资源管理所需的客户数据真实性不高。因而,当务之急是做好数据的收集整理工作,建立一个完备的全国基础数据库,并与车辆管理部门、交通管理部门实现数据共享。

同时,保险公司还应加强与外部机构的合作。美国的ADP、CCC公司的车辆定损系统就与保险公司实现了联网。美国Progressive公司与修理厂电脑联网,保险公司可查询修理厂的维修排班情况。日本保险公司的理赔中心与专业机构的损害查定中心实现了计算机联网。

(2)加强监管,完善差异化费率。总的来说,进行车险差异定价有三种方案:一是按照不同的价格,直接把同种车险产品卖给不同的投保人。二是对同一车险产品在不同时间、不同地域索取不同价格。三是针对不同被保险人群体,对保险产品作适应性调整,分别索取不同价格。在车险定价中,以精算为基础,在控制定价风险的前提下,根据需求差异进行定价,可使保险公司实现更好的盈利。

(3)加大市场拓展力度,建立多形式、多层次的营销渠道。目前机动车辆保险70%靠汽车经销商作为兼业代理销售,可以说,得汽车经销商者得市场,因此给汽车经销商一个有吸引力的手续费一直是保险公司抢夺市场的主要手段。只要车险通过汽车经销商代理销售的销售渠道没有重大的变化,保险公司受制于汽车经销商的局面就不会改变。营销方面,近两年来,电话投保、网上投保、银行代理保险等新型营销方式发展迅猛,正向国际化的服务标准接轨。

利用电话预约投保的直销模式的优点在于成本较低,不需要以大量的投入去构建网络平台。保险公司可以设立车险的热线咨询电话,加大宣传力度,争取能够达到用户主动打电话投保的目的。当然,最好是建立一个免费的全国统一的热线电话。中国人民保险公司耗资几亿元人民币,设立了由1 800条电话线、遍布全国36个省市分支的320个呼叫中心、2 000多专线信息员构成的人保"95518"专线服务网络,在国内保险业中首家推出了全国统一的24小时保险服务专线电话,极大地满足了客户的需求,促进了业务的增长。

(4)车险实行理赔社会化和专业化。综观全球,目前国外保险公司基本上不再管理车险理赔业务,一般是委托给专业车险公估公司操作。在香港,95%以上出险车辆的查勘定损是由专职的车险公估行来做;韩国《保险法》明确规定保险公司应聘用理赔公估人员对保险事故的损失及保险金额进行公估,或者委托从事理赔公估事务的专业人才担任此项工作。这些做法不仅降低了不合理的赔款,在保证保险公司偿付能力方面成效显著,同时也给客户提供了公平、高效、优质的服务。

(5)转变经营观念,再造车险业务流程。车险公司应首先树立"重效益,轻规模"的经营理念。根据管理学的"黄金理论",公司的80%的利润来自于20%的业务。众所周知,传统的保险费公平定价是以大数法则为基础的,即随着同类被保险人数量的不断扩大,保险人可以将从大量被保险人处收集到的保险费,分摊给少数发生损失的被保险人。对保险公司而言,需要的是更多的优质保单,同时减少垃圾业务,从而降低赔付率,实现公司盈利能力的最大化。因此,只有首先在管理思想上真正树立起"重效益,轻规模"的理念,才能实现车险公司稳定、健康的发展。

案例:一种新型的车险销售模式——"电话车险销售"将于4月11日登陆某市。凡市区私家车主,只需拨打4008000000电话即可投保车险,客户足不出户,便可顺利完成从咨询到投保的全部手续。

据推出这一新型车险销售模式的某保险股份有限公司介绍,"平安电话车险"是中国平安保险经过中国保监会于去年7月31日批准,率先在国内推出的第一个专用电话销售的车险产品。迄今,全国有50余个城市实施了这一新型的车险销售模式。

"平安电话车险"最大的好处在于,它省去了传统车险的中间环节,直接让利车主,使车主在体验便捷投保的同时,更可享受到比传统保险渠道更低的价格。这种车险销售模式比传统的模式可为客户再多节省15%的保费,其保险责任与其他渠道完全一致。

4.汽车保险营销渠道概述

(1)保险营销渠道的定义。保险营销渠道是指保险产品或服务从保险公司向终端客户转移过程中所经过的,由各个中间环节连接而成的路径,包括保险公司自设的销售机构和中介机构。

保险营销渠道的成员包括:保险公司、保险中介和保险消费者。

(2)保险营销渠道的职能。保险营销渠道的职能有以下几个方面:

①提高交易效率,降低交易成本。

②使保险产品能够看得到、买得到。

③各种渠道协同销售。

④分担风险。

⑤营销渠道是保险公司的无形资产。

5.汽车保险营销渠道分类

(1)直接营销模式。直接营销模式是指通过保险业务员、电话、信件、短信、报纸、杂志、电视、网络等方式直接向顾客提供信息,通过获得顾客的答复达成交易的销售方式。电话、网络营销虽然是车险市场中新近兴起的一种销售方式,但是最引人关注的一点是不论用网络或是电话的方式,保险公司都能直接和客户沟通而不需要通过第三方代理人或者经纪人。节约下来的手续费可部分反馈给被保险人,更可显著改善整个车险行业的赢利情况,提高本身的抗风险能力。

①个人营销模式。个人营销模式的发展经历了"正式聘用制"和"个人代理制"两个阶段。其中,"正式聘用制"属于直接营销模式,而"个人代理制"属于间接营销模式。

a. 正式聘用制。正式聘用制主要存在于我国20世纪80年代的人寿保险业和90年代至今的财产保险业,是指保险公司雇用业务员作为其正式员工,按照"相对营业佣金制"领取固定薪酬,同时按照销售业绩获得奖金。保险公司和业务员之间存在雇佣关系,作为正式员工的业务员与其他员工之间没有区别,还可以凭借自己的努力获得晋升机会,同时其心理状态也可以保持稳定,对所属公司有较强的归属感。但这种个人营销机制的运作要求保险企业具备完善的经营管理机制,这正是我国保险业普遍缺乏的。

b. 个人代理制。个人代理制是保险公司通过签订代理合同委托个人代理人从事保险产品的销售,采取"相对营业佣金制",按照个人代理人的销售业绩给予提成。这种营销机制于1992年由美国友邦公司引入中国国内保险公司中,平安公司率先以这种方式开展寿险营销,随即原中国人民保险公司在上海分公司进行了寿险营销试点,并于1996年开始向全国各分公司予以推广。在这种营销模式下,个人代理人和保险公司之间并不存在雇佣关系,通常也不享受保险公司的福利待遇,但却接受保险公司的日常管理和考核,这造成了个人代理人的保险行业边缘人的地位。这种营销机制能够发挥个人代理人工作的积极性和主动性,但对企业缺乏归属感和认同感却成为今天个人代理人业务和管理中普遍存在的问题。

②电话营销模式。电话营销是直复式营销模式的一种。直复式营销是指营销者通过使用客户数据库、在分析客户购买行为和需求的前提下,综合利用一种或几种广告媒体,例如电话、短信、电视、报纸、广播、直邮、电邮、户外活动或优惠券等媒介,直接与顾客进行针对性地接触,形成顾客主动向营销者咨询购买或营销者主动邀请顾客购买的营销模式。2006年中国平安保险公司率先推出电话营销这一新型营销模式,随之各大保险公司陆续推出。电话营销的车险具有省钱、便捷、可靠的三大优势。例如,中国平安财产保险股份有限公司推出的电话销售的车险产品,车主只要拨打电话就可享受到低于其他渠道15%的车险投保费率。而且,由于保险公司与车主直接交易,省去了购买车险的中间环节,兼具价格与服务的双重优势。而这一销售模式也打破了长期以来4S店等中介机构销售车险的垄断局面。

电话营销不仅符合市场多元化需求,更是市场走向有序竞争的产物。从全行业角度来看,集中式管理的电销业务,由于实行的是集中管理和统一运作,会有效促进车险业务的规范、有序发展,起到维护市场规范的作用。电话营销的缺陷主要是语境缺失和投保人对推销商本人及他提供的情报缺乏全面的了解。在不在场条件下的沟通困境主要来自于电话的另一端连接的是一个虚拟化的世界,这种虚拟化情节没有在场的语境,难以消除。

③网络营销模式。网络营销是直复式营销的最新形式,是企业营销实践与现代信息通信技术、计算机网络技术相结合的产物。它是指企业以电子信息技术为基础,以计算机网络为媒介和手段而进行的各种营销活动。目前,网络营销已逐渐被我国的企业所采用。

网上保险通过网络实现投保、核保、理赔、给付。客户在保险公司网站选定保险业务,然后由业务员上门签订正式合同。网络营销的优势在于:扩大公司知名度,提高竞争力;简化保险商品交易手续,提高效率,降低成本;方便快捷,不受时空限制;为客户创造和提供更高质量的服务。然而,网络保险在广泛发展的道路上还面临着许多难题:网上支付系统不完善,这被视为网上保险发展的瓶颈;网上安全认证问题可靠程度不高;电子商务相关法律法规不健全。

真正意义上的网上保险意味着实现电子交易,即通过网络实现投保、核保、理赔、给付。但现在虽然各保险公司都推出了自己的网站,主要内容却大都局限于介绍产品、介绍公司的背景,并与客户进行网上交流,宣传自己,用于扩大影响。近年来,国内保险公司中在这一领域走在前列的是泰康人寿和平安保险。在它们看来,网上保险并不是简单地将传统保险产品嫁接到网上,而是要根据上网保险人群的需求以及在线的特点设计产品结构。保险公司的电子商务平台不是企业从传统到网络的一次简单移植,而是为客户提供产品、渠道和服务上的更多选择。

(2)间接营销模式。该渠道主要有汽车经销商、维修商、银行、保险超市、保险代理人等。按照其经营性质的不同,可分为专业保险代理机构和兼业保险代理机构。

①专业保险代理人模式。保险代理人指通过专业的中介人(个人保险代理人、保险代理公司和经纪公司)销售保险产品,是当今国际保险市场最盛行的保险营销模式。其根本原因在于专业化的分工有利于保险公司集约化的经营。我国专业保险代理人和保险经纪人是20世纪90年代后逐步发展起来的,现在保险代理和保险经纪公司发展很快,但业务规模的扩展仍然停滞不前,尤其是在车险营销领域,还没有成为我国保险行业营销模式的主流。

②兼业保险代理制度。截至2013年年底,全国共有保险专业中介机构2 500多家,兼业保险代理机构20多万家,保险营销员300多万人。兼业保险代理在我国目前保险销售体系中占有重要的地位。汽车经销商、维修商代理模式是车险营销的主要模式,主导车险市场70%的市场份额。兼业代理模式的优势在于网点众多、接触客户广泛、业务量大;缺点在于保险公司容易受制于兼业代理,使手续费不断攀升,加上二者关系松散,兼业代理误导和违规行为很难控制,容易游离于监管之外。

目前,汽车保险已成为一些汽车销售商、维修商的主要利润来源之一。这种方式的弊端很明显。首先,从买保险到发生保险事故索赔的整个过程中,被保险人可能都不用和保险人联系,报案、索赔、领取赔款的人都不是被保险人,而是4S店和维修商,这种被称为"直赔"的方式在保险业被极为普遍。直赔很大程度上方便了被保险人,免去了被保险人要先支付修车款,再向保险公司索赔的烦琐过程,因此受到客户的青睐,也是各保险公司提升服务品牌的举措之一。

其次,这种约定俗成的方式存在极大的法律缺陷,也给保险公司带来了一系列的道德风险——让保险公司受制于4S店等兼业代理机构,为兼业代理机构谋取不正当利益提供了空间。兼业代理机构收取保险佣金是其代卖保险的利润来源。在保险产品普遍同质化、保险理赔模式雷同化的前提下,客户选择保险公司的最终决定因素就是人的主观性——选择一家与自己有私人关系的公司或者佣金回报高的公司,私人关系最终还是以利益的多少来衡量。所以,在几家保险公司同时争抢同一家保险代理人时,这种竞争方式本身就逼迫保险公司采取降价的方式争取客户。

这种兼业代理的模式一方面为车险营销扩大市场份额提供了有效渠道,另一方面也为保险市场的恶性竞争埋下了伏笔。

③银行代理及邮政代理模式。银行渠道时下拥有10万家机构网点、15万亿元储蓄,邮

政渠道拥有8万家机构网点、1.5万亿元储蓄,这无疑对保险业做大有重要意义。但由于当前银保合作还处于浅层次,银邮代理业务高速增长蕴藏了大量风险问题,导致这一渠道的优势没有完全发挥。问题主要有:一是资金运用风险,大量增加的保费收入如果在投资上运用得不好,就会产生和积累新的利差损;二是手续费问题,现行的高手续费造成了保险公司为银行"打工"的事实。

④网上保险超市。网上保险超市的出现是中国保险业探索保险销售模式的一个新的尝试,是电子商务在传统保险销售领域的应用。起初由江苏平衡保险代理有限公司与上海经代网络科技有限公司创立。这种保险销售方式得到了中国人保、太平洋寿险、太平寿险等国内数十家保险公司的大力支持。

网上保险超市是一种方便快捷的销售新模式,它提供了一个中间代理人品牌,但却省去了代理人等中间转化的费用和时间,降低了自身销售成本,从而使用户可以以最低廉的价格享受到全方位的服务,例如投保咨询、24小时无盲点救援等。通常,网上保险超市拥有一支经验丰富的保险专家队伍,接受顾客的咨询,予以解答并提供各种建议。仅2006年一年,车盟通过运用互联网和大型呼叫中心联动平台销售的车险收入就达到1 200万美元。

⑤其他营销方式。除了传统的理赔服务外,还可提供全面的汽车安全服务,如自助查勘服务、汽车安全驾驶模拟仪巡展体验,以及汽车安全工程师的全面讲解。通过操作模拟仪,可以发现驾驶人在驾驶过程中的不安全行为,仪器还会给出针对性的指导意见,帮助驾驶人提高驾驶水平,掌握正确驾驶方法。天平保险指出,目前车险对交通安全体系的参与度不够,保险公司的角色应由汽车保险提供商向汽车安全服务提供商转变。

6. 汽车保险营销策略

在保险业细分市场的过程中,主要的思路就是通过建立科学的指标体系,运用科学的方法进行市场的划分,使得同一类型中的市场具有较为相似的市场特点和市场成熟度;不同类型的市场之间差别相对较大,显示出比较明显的差异。而这种市场特点和市场差异就代表着市场的不同形态和不同需求。目前应根据公司的贡献或能否尽快形成竞争优势来划分重点和非重点区域,将有限的资源和力量投入到产出大的地区,扩大成果,而不是扶贫。不在于跑马圈地,在于精耕细作,讲成功率。在激烈竞争的保险市场上,无论实力多么雄厚的保险公司也不可能占领全部市场领域,每个公司只能根据自身优势及不同的市场特点来占领相应市场。

(1)以网络营销为主的营销策略。网络营销是保险产品直销的一种形式,它是利用计算机网络技术,全天为客户提供所需要的信息:各保险公司的简介,保险产品的承保范围、价格等,进而促成客户的购买行为。这不仅仅是技术上的创新,而是营销理念的进一步发展。其理念是时时把握客户需求的动态变化,在提供售前、售中和售后服务的同时预测需求的变化,从而开发出更能满足客户需求的保险产品或服务。网络的作用不仅是一种技术的革新,而且它创造了保险产品的时间效用和空间效用,使产品的生产与销售快速相衔接,降低了保险人与投保人的交易成本,从而促成交易。它能够更加贴近客户的需求。它不但能发布客户所需的信息,建立起巩固的客户关系,并能全天24小时为客户提供高效的服务。产品的功能可以在网页上介绍,渠道是方便快捷的网络,通过网上银行尽快达成交易。广告、公共关系也可以利用网站的视频来提供给客户。

但网络营销也存在一些问题及网络安全问题。一是客户支付的问题,对此客户可以通过电子签名来交易,但是我国相关电子签名法律还不完善,未能达到安全交易。二是随意调用或恶意修改内部网资料的问题,对此可以在内部网和因特网之间采用加密技术、防火墙、数字签名和访问控制等技术。此外,风险大、技术含量高、保险金额大的保险标的不适于网络保险。因为虽然保险法规定投保人有义务如实将标的的实际情况告诉保险人,但是投保人为了自身的利益而隐瞒不利于其投保的信息:不讲家族遗传病、车辆的实际使用年限、企业防灾防损的措施等,这无疑会给保险公司带来潜在且难以控制的经营风险。

①结合人员营销。派专门的人才对风险大、技术含量高的保险标的进行实际考察,可以防止投保人保留不利于投保的信息。在公司中,主要由一个团队来完成,这一团队中有各方面的专业人才。另外,他们的营销对象还包括企业、事业等单位。

②结合电话营销。通过电话营销来解决网络安全的问题。通过电话录音,可以与客户协商核实之后或者由专门的销售人员亲自去见客户,由其亲手签字,才能进行交易。

③结合短信营销。结合短信营销来扩展销售渠道。当客户在网上看到感兴趣的保险产品,依据网上所留的短信发送程序,便可以达成交易。太保寿险在北京、上海推出"世纪行" B 款之"钻石公务""出行无忧"等小额意外险产品,即属于此类。此外,还可以用短信来推荐险种、续缴通知等。

④结合客户关系管理。利用网络收集的信息来进行保险产品的改进或创新。保险公司可以根据客户所关心的内容来设计保险产品所保障的保险责任或者保险金额。泰康人寿保险公司收集到人们关心旅游中的安全方面的信息,于是跟中国国旅旅行救援中心推出附加救援服务的旅游保险。

(2)以信息共享为主的金融集团营销策略。在经济全球一体化的背景下,网络、信息技术的发展促使保险公司的销售方式发生了改变,使银行、邮政行业的网点也通过代理保险业务来获得更多的利益。某保险公司通过这种方式开辟了一条新的销售渠道。根据保险公司和银行协作程度的不同分为三个层次。第一,只是与银行签订委托代理销售合同,银行只能获得相应的代理费,对保险产品的销售情况不太关心。第二,在委托代理的关系上,进行共享客户信息,从而扩大潜在的销售收入。第三,建立有统一战略的金融集团。通常有两种方式:一种是银行(保险公司)通过兼并或收购保险公司(银行)来形成金融集团,另一种是双方共同出资建立一个新的股份公司,这个公司服从两者的战略需要。

金融集团营销的核心是围绕保险产品功能的衍生性不断增强,利用银行、证券、基金等的销售网络来扩大经营范围,为客户提供储蓄、投资等不同功能的金融产品。

①共享客户资源;

②信息渠道整合;

③加深合作:加深合作不仅是加深渠道的合作,而且要在产品研发、投资组合等方面进行加深合作。

(3)以客户关系管理为主的关系营销策略。

①客户关系管理营销的运作方式。客户是公司利润的来源,能否获得客户,并与客户建立良好的关系,是公司经营成败的关键。现在的保险市场属于买方市场,这主要是由于产品的同质化、客户的个性化、寻找客户的盲目性等造成的。客户关系管理(CRM)指保险公司

通过收集现有客户和潜在客户的资料，以便了解客户的需求以及变化趋势，从而为客户提供适合其需求的产品或服务。客户关系管理的核心是客户，目标是积极开发新客户，并且赢得客户的忠诚度。在积极开发新客户的同时，一定要维系老客户，因为开发新客户的成本是维系老客户成本的5倍。

数据库营销是指通过电脑化的资料库系统，有计划地收集与分析顾客的需求与偏好，并且随时更新顾客资料，以便能够有效、及时地回应顾客需求的过程。在数据库资料中，要有每位客户的自然情况及年龄、职业、喜好、家庭成员等，不但要有投保的书面资料、理赔申请资料等，而且还应记录电话、传真等联系方式、人员推销时与客户接触的全过程以及客户的建议与抱怨等。这些资料可以利用计算机进行数据挖掘来管理。根据客户与公司发生业务的次数、金额，判定不同的服务等级。与公司交易数额越大、次数越多的客户会给公司带来潜在的利润价值，因为这样的客户通常对公司忠诚度很高，并且能影响周围的人到保险公司投保。只要公司能够不断地根据老客户的需求变化对多提供的服务作出相应的调整，那么就可以变其周围的潜在客户为现实客户。

在数据挖掘阶段，保险公司在掌握大量、真实信息的基础上，即数据库，进行分类整理，以便从中挖掘有价值的信息，并建立相关的模型，从而为产品创新、渠道创新提供依据。

②客户关系管理营销的基本策略。

a. 维持老客户策略。初步统计，开发新客户的营销成本是维持老客户营销成本的5倍。保险服务是一种长远投资，当老客户能终生购买保险产品或保险服务，那么公司获得的不仅是一种产品的利益，而是顾客的终生价值。当然，开发出的新客户也会逐渐成为老客户，这时，维持与老客户的关系就显得更为重要。

b. 开发新客户策略。开发新客户才能获得保费新来源，从而进行公司运营。新客户的争取途径大致有三种：第一，通过对客户资料的分析，将其分为潜在客户、准客户、一般客户。对准客户采取电话访问、邮寄的方式来针对性推销。第二，利用已有客户的口碑宣传。这些客户有很强的说服力，因为他们亲身体会过的公司的服务。第三，人员推销。保险营销人员要具备专业保险知识和敏锐的观察能力，通过询问和倾听来识别所接触的客户能否成为新客户。

c. 加强营销、服务渠道管理，营造忠诚、稳定、高质的客户关系。市场营销是企业对潜在的不可控因素，在充分调研和市场细分的基础上，将已知的、可控的企业资源按照市场需求进行整合的一种管理活动。对服务业企业来讲，服务本身就是产品。因此，服务的本质是向顾客售出无形产品，通过买卖双方的互动关系给顾客提供一种便利和带来精神与心理方面的享受，从而扩大销售。保险企业最重要、最本质的服务是风险保障服务，其核心是承保与理赔服务。在承保与理赔环节中，应逐步树立起以客户为中心的营销理念。首先，应培育良好的企业形象。企业形象给社会公众提供了一种视觉表现，体现了企业的经营理念和文化精神，是一种不可忽视的商业文明，对社会公众的消费心理也起着很重要的导向作用。树立良好企业形象，应在创新经营理念、改善营业环境、提高服务人员综合素质、交易过程诚实守信、规范服务人员行为举止、树立名牌意识等方面抓起，通过良好的企业信誉和形象赢得更多的客源。其次，应注重情感服务，加强市场消费指导。保险服务人员应加强对客户的感情投资，全过程、全方位地为他们提供便利和解决实际问题，以激发他们的投保热情。最后，应重视售后服务。承保后的服务，不仅影响本期合同的效力，也在一定程度上影响合同的延续性。因此,诸如建立承保后定期回访和提醒制度、提出防灾防损及续保建议、咨询、提高理赔的及时性、准确性等措施,会进一步融洽客户关系。

(4) 以持续改进服务流程的服务营销策略。

① 员工(服务提供者)的满意度。介绍保单、提供理赔等服务是由员工来提供给客户的,因此没有员工的满意,就没有客户的满意。公司要将经营理念、服务流程及其标准融入对员工的培训内容中,使员工与客户的每一次接触都能够展示公司的形象,尤其要不断地进行专业知识培训。员工要积极地响应客户的要求,否则,就被客户认为有意推迟,从而对服务的评价大打折扣。为了使员工满意,公司应当为他们提供同行业有竞争力的薪酬。这可以使他们愿意按照公司的要求来为客户服务,并且愿意提供其他的附加价值。另外,还要营造和谐融洽的氛围,使员工具有归属感。总之,公司要采取各种方式来使员工满意,进而使他们忠诚于自己的公司,从而使公司稳健地经营。

② 无形产品有形化:有形展示。由于保险产品的无形性使得保险公司必须积极地通过各种有形的方式展示保险产品的内在特性,从而有利于保险产品的销售。展示的载体应当反映保险的特征、引起客户的注意并促成购买。除了员工服装、行为等,有形展示的载体还包括公司内部的装饰、周围的景象以及所在的商业区等。人们通过这些有形的物质来推测无形产品的品质。若保险公司坐落在繁华金融街,内部有宽敞的客厅、舒适的沙发,墙上挂有各部门的业绩表,并有各种宣传公司理念的标语等,都会给客户以舒适、专业的感觉,并认为其所提供的产品质量也会相当不错。

③ 持续改进服务流程。持续改进服务流程的目的是为了获得客户的满意度,进而使其对保险公司忠诚。一般将服务流程分为售前、售中和售后三个阶段。

a. 售前服务。售前服务主要是建立合理的客户期望。客户对服务的期望主要从广告、已经享受过服务的客户、营销人员的宣传等途径来获得。如果保险的承诺超过自身理赔实力,便会引发客户的不满。但如果保险的承诺低于公司实力便会使公司的资源得不到充分的利用,流失一部分客户,从而不利于公司的发展。售前服务大多是不直接与客户接触,包括:对员工知识、技能、态度的培训,了解客户的材料,准备好要销售的保单,接触客户的具体计划,宣传标语的设计等。这些都是为了与客户直接接触做准备。从顾客的角度考虑,满足客户的需求,进而签订保单,增加公司的销售收入,增强公司的竞争实力。售前服务应当流程化,但内容应当丰富。

b. 售中服务。售中服务的目的是为了让客户感到物有所值,并且将每一次与公司员工的接触视为愉快的经历。在员工进行保险营销中,发生直接接触的主要有四个方面。首先是员工的外表风貌。若销售人员穿着笔挺的西服,并配有公司的胸卡,提着黑色的提包,将传递给客户一种专业的感觉。其次是员工的开场白,一定要简洁明了地说出目的,并感谢客户在百忙之中能和自己见面。再次是正式的交谈。在此过程中,一定要多问、多听、多观察,并结合在售前对客户的了解,从中发现客户感兴趣的方面。在交谈中应当注意,不要以为自己知道客户的一些信息,而不去仔细观察客户的反应和询问情况;不要将不良的情绪带进交谈;要准确、简洁地回答客户的问题等。最后即交谈结束时,要感谢客户的配合。此外,在交谈过程中,要注意自己的行为举止,这些都会向客户传递公司的信息,并影响服务的质量。售中服务的好坏直接影响着客户服务质量评价的高低。由于客户看不到营销之前销售人员为与其直接接触而查看资料,或为交谈所做的计划,只能在人员营销时或在营业厅办理业务时亲身感受。通过保单、人员的服装、胸卡、人员的态度、解决问题的能力等,与原先对保险公司的期望之间作对比来决定是否满意。

c.售后服务。售后服务分为两部分。一是进行回访,以便收集关于服务过程的看法,并提供补救服务,来争取那些感觉差的客户。二是要不断完善服务流程,制订服务标准。服务流程要始终如一地反映公司特定的形象:专业化的运作、诚信经营、资本雄厚等。服务流程的完善除了参考回访资料,还应借鉴竞争对手的服务流程、营销人员的建议等。此外,服务流程是一个不断发现、分析、解决问题的循环过程。现有的服务流程不是最优的,它需要随着客户偏好、产品特点的改变而发生相应的变化,因此服务流程应采用著名管理专家戴明的质量改进方法"计划—执行—检查—行动"来进行不断的改进,从而适应客户个性化的需求。服务流程的每一个环节应当标准化。

服务标准应从实现承诺的能力、为客户提供服务的自发性、员工的态度和知识、提供个性化的服务四个方面来衡量。第一,实现承诺是诚信的体现。第二,员工要乐意提供服务,重点强调处理客户的询问、投诉时的专注和快捷。尤其是员工要求理赔时,更应积极主动地提供信息,因为这是最能体现保险保障功能的时刻。第三,员工必须具备专业的保险、理财方面的知识和谦恭的态度。第四,公司要提供合适的保险产品。只有合适的,才是最好的。识别客户需求及其变化趋势是制订服务标准的基础。保险公司要通过跟踪客户的消费过程来得到目标市场的需求特点及趋势。

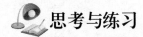

思考与练习

一、分析题

1. 简述交强险的基本特点。
2. 试分析商业车险A、B、C三个条款的差别。
3. 简述各保险公司基本采用的条款。
4. 简述三个主险的保险责任和责任免除。

二、选择题

1. 由机动车辆本身所面临的风险而产生的险种是(　　)。

    A.机动车辆损失险　　　B.第三者责任险　　　C.附加险　　　D.特约险

2. 机动车辆保险合同是(　　)。

    A.定值保险合同　　　　　　　　　B.不定值保险合同

    C.定额保险合同　　　　　　　　　D.超额保险合同

3. 投保商业第三者责任保险的车辆在倒车时车主将自己承包的工厂厂房撞坏,(　　)属于保险责任。

    A.一定是　　　　　　　　　　　　B.不是

    C.不一定　　　　　　　　　　　　D.应具体情况具体分析

4. 有关续保的描述正确的是(　　)。

    A.续保对投保人可享受无赔款优待

B. 续保对保险人可减少展业、验车等工作,从而节约成本

C. 为防止续保后至原保险单到期这段时间发生保险责任事故,在续保通知书内应注明:"出单前,如有保险责任事故发生,应重新计算保险费;全年无保险责任事故发生,可享受无赔款优待"等字样

D. 以上答案都正确

5. 根据家庭自用汽车损失保险条款规定,驾驶人有以下(　　)情形时,发生的事故保险人不负责赔付。

A. 机动车驾驶人在机动车驾驶证有效期满后,驾驶车辆

B. 驾驶证载明的准驾车型与所驾驶的车型不符

C. 驾驶证被依法扣留、暂扣期间

D. 实习期内驾驶营运客车

三、思考题

事件:田先生驾车去山西的路上发生单方事故,经交警判定,田先生在本次事故中负全部责任。事故造成公路护栏损毁折合人民币1 500元,田先生受重伤,由于田先生为该车买了交强险和商业车险,于是他向保险公司进行索赔,请问保险公司将如何处理?

综合训练

小张新买了一辆雪佛兰克鲁兹新车,新车购置价15万左右。小张准备给新车投保,请你为他设计几种投保方案,并帮助他计算车辆损失险、交强险、商业第三者责任险以及一些附加险的保费(表3-22)。

投保险种设计方案表　　　　　　　　　　　　表3-22

项　　目	基　本　险	附　加　险	保　　费
方案1			
方案2			
方案3			
方案4			

拓展学习

自学机动车商业保险A、B、C条款及《保险营销员管理规定》。
相关网站链接:
http://www.circ.gov.cn/Portals/0/attachments/xingzhengxuke/2007/bjcx186.pdf

学习单元 4　　汽车保险理赔

学习目标

通过本任务的学习,应能:
1. 掌握汽车理赔的特殊性;
2. 了解汽车理赔的工作原则;
3. 熟悉不同类型事故索赔的流程以及所需资料;
4. 掌握保险公司理赔流程;
5. 了解各流程负责的具体内容;
6. 可以对责任清晰、损失明确的案件进行理算。

学习时间

18 学时。

【案例导入】
2016 年 12 月 4 日 14 时 59 分,刘先生驾"湘 AN1111"在长沙岳麓区岳麓大道由北往南行驶,准备变道停车时,未注意后方直行车,不慎与"湘 AP2222"碰撞。两车都有所损伤,但无人受伤。刘先生在某保险公司购买了交强险以及足额投保的车损险和保险金额为 30 万元的第三者责任险,于是想要通过保险保单来获得损失补偿。接下来刘先生开始了索赔的过程。

那么,刘先生应如何索赔呢?需要注意什么?

一、汽车保险理赔概述

1. 汽车保险理赔的含义

汽车保险理赔是指被保险机动车辆在发生保险责任范围内的损失后,保险人依据汽车保险合同的约定,验证事故事实,确定事故损失,审核赔偿范围,最终赔出赔款的过程。

2. 汽车保险理赔的特点

(1)被保险人的广泛性。随着我国汽车保有量的大幅度增加以及交强险的出台,私家车越来越多,随之以公民作为汽车保险的被保险人的比例也越来越大。这种被保险人的共同特征为他们购买保险时,并不了解保险,甚至不认同保险,多因法律的强制作用,或者其他的因素,被迫购买了车险。除此之外,大部分车主对交通事故处理、车辆维修知识等也比较陌生,注定了在与保险公司沟通进行理赔工作时有较大障碍。

(2)事故损失率高且幅度小。汽车保险的另一个特征是保险事故频发,但是单个事故的损失金额一般不大。

(3)保险标的流动性大。由于车辆本身的特性,所以保险标的发生保险事故的地点和时间具有不确定性,这要求保险公司必须拥有庞大的并且衔接紧密的理赔服务体系来支撑整个理赔环节的操作。

(4)受制于汽车修理环节。在整个理赔环节中,修理是整个理赔的基础,被保险人为了将标的车辆修理好,保险人承担修理车辆的费用。那么,去哪修、怎么修成了保险人、被保险人以及修理方三方最关注的问题,也是最容易发生争执的问题。

(5)道德风险普遍。由于承保信息的不完善、保险条款的不严密和相关人员职业道德问题,车险是财险范畴关于道德风险的高发险种。

3. 汽车理赔工作应遵循的原则

汽车理赔工作涉及面广,情况比较复杂,在赔偿处理过程中,特别是在对汽车事故进行查勘过程中,必须提出应有的要求和坚持一定的原则。

(1)坚持实事求是的原则和良好的服务意识。

当发生保险事故时,保险人必须尽全力避免扩大损失,尽量减轻因事故造成的影响,即时安排事故车辆修复,并保证基本恢复车辆的使用、安全性能。及时处理赔案,按实际损失和必须补偿支付赔款,使被保险人的损失降到最低。

(2)坚决贯彻"八字"理赔原则。

①主动。要求理赔人员对于事故案件,要积极主动地进行查勘,以准确地进行案件分析,确定保险责任。

②迅速。要求保险理赔人员处理案件时快速、不拖沓。每个环节时效控制紧密,使被保险人尽快拿到赔款。

③准确。要求从接到报案开始直到最后的赔款理算,都要做到准确无误。

④合理。要求整个理赔过程中本着实事求是的精神,坚持按条款办事。

理赔工作的"八字"原则是辩证统一的整体,不可偏废。如果片面追求速度,不深入调查,则会影响到准确性;如果只追求准确合理,忽视了速度,没有效率可言,赔款迟迟不能到达被保险人手中,则对于保险公司形象有极大打击。总的来说,应该从实际出发,为客户着想,既要讲求速度,又要讲求质量。

二、客户进行索赔的基本流程

1. 单方事故

(1)报案。客户在发生了保险事故后,直接向保险公司报案。如损失较大的,可以先通知保险公司,由保险公司决定是否应该通知交警或公安交管部门。

(2)定损。报案后,客户需在第一现场等待保险公司的查勘人员进行现场查勘以及其后的损失金额确定工作。定损工作结束后,客户需从查勘人员处获得:出险通知书、现场查勘报告副本以及定损清单。

(3)索赔。客户在修理好汽车后,需要收集好出险通知书上标明的各类资料。一般所需的单证包括:出险通知书;交通事故仲裁机关出具的调解书、责任认定书或者有关政府职能部门的证明;保险公司的定损单;车辆修理发票及维修清单、施救费发票;肇事车辆的行驶证正副本及驾驶人驾照正、副本复印件(私家车需要提供被保险人的身份证复印件);保单复印件;赔款通知书上写上公司账号加盖公章(私家车需被保险人签字)。

(4)赔款一般由保险公司用转账的方式,在案件处理完成后打入被保险人提供的账号内。原则上不允许领取现金。

2. 多方事故

(1)报案。及时向交警或公安交管部门报案,并同时向保险公司报案,做好现场维护工作,尽量减少损失。

(2)定损。配合交警交代事故发生情况,以尽快确认被保险车辆所承担的事故责任比例。由当事人配合保险公司的查勘定损人员进行现场查勘以及其后的损失金额确定工作,定损工作结束后,客户需从查勘人员处获得:出险通知书、现场查勘报告副本以及定损清单。

(3)索赔。客户在修理好汽车后,需要收集好出险通知书上标明的各类资料。一般所需的单证包括:出险通知书;交通事故仲裁机关出具的调解书、责任认定书或者有关政府职能部门的证明;保险公司的定损单;车辆修理发票及维修清单、施救费发票;第三者车损修理发票及维修清单、施救费、物损发票;肇事车辆的行驶证正副本及驾驶人驾照正、副本复印件(私家车需要提供被保险人的身份证复印件);保单复印件;赔款通知书上写上公司账号加盖公章(私家车需被保险人签字)。

(4)赔款一般由保险公司用转账的方式,在案件处理完成后打入被保险人提供的账号内。原则上不允许领取现金。

3. 牵涉人伤案件

(1)报案。立即向交警或公安交管部门报案,并同时向保险公司报案,及时抢救伤者,做好现场维护工作,尽量减少损失。

(2)定损。向保险公司咨询有关第三者或车上人员的伤残或死亡赔偿标准,如有必要可与保险公司调查员到医院了解伤者情况。到事故处理部门进行责任认定和事故调解。人伤入院不必垫付过多医疗费用,以免被动,可在核实责任后向保险人咨询后认可。

(3)索赔。人员治疗完毕出院后,需要收集好出险通知书上标明的各类资料。一般所需的单证包括:出险通知书;交通事故仲裁机关出具的调解书、责任认定书或者有关政府职能部门的证明;对于伤残事故,需要伤者诊断证明、伤残鉴定报告、出院小结、医疗比例;对于死亡事故,需要死亡证明、被抚养人的户籍证明仅限直系亲属;医疗费、家属的交通费、住宿费发票;肇事车辆的行驶证正副本及驾驶人驾照正、副本复印件(私家车需要提供被保险人的身份证复印件);保单复印件;赔款通知书上写上公司账号加盖公章(私家车需被保险人签字)。

(4)赔款一般由保险公司用转账的方式,在案件处理完成后打入被保险人提供的账号内。原则上不允许领取现金。

4. 盗抢案件

(1)报案。立即向当地公安刑侦部门报案,并同时向保险公司报案,做好现场维护工作。

(2)定损。尽快在当地市级以上的报社发布失车启示,索取并保存该期报刊以备索赔用；三个月后到当地公安刑侦部门开具丢失证明,同时到车辆所属的车管部门办理失窃车辆牌证注销手续。

（3）索赔。收集好出险通知书上标明的各类资料。一般所需的单证包括：出险通知书；车钥匙两把；购车发票；登报寻车启事、公安报案受理单、公安刑侦部门三个月未破案证明；行驶证正副本原件及驾驶人驾照正、副本复印件（私家车需要提供被保险人的身份证复印件）；权益转让书；失窃车辆牌证注销登记表；保单复印件；赔款通知书上写上公司账号加盖公章（私家车需被保险人签字）。

（4）赔款一般由保险公司用转账的方式,在案件处理完成后打入被保险人提供的账号内。原则上不允许领取现金。

三、保险公司的理赔程序

1. 流程图

机动车辆保险理赔的流程（图4-1）分为7个步骤：客户报案；报案与调度；现场查勘、立案；定损；核损；理算、核赔；结案。

2. 接报案

受理报案工作主要是进行报案记录。报案记录工作主要包含的内容有：询问案情、查询出险车辆承保、理赔情况（包括商业机动车保险和机动车交通事故责任强制保险）、生成对应的报案记录、确定案件类型（本地自赔案、本代案件和外代案件），如图4-2所示。

（1）询问案情。主要询问以下四点信息。

①保险车辆的有关信息：保单号码、被保险人名称、号牌号码、牌照底色和厂牌型号等。

非车险、人意险主要询问保险单号码、被保险人名称等。

②出险信息：出险时间、出险地点、出险原因、驾驶人姓名、事故经过和事故涉及的损失等。

其中,事故涉及的损失按"本车车损""本车车上财产损失""本车车上人员伤亡""第三者车辆损失""第三者人员伤亡""第三者车上财产损失""第三者其他财产损失"和"其他"的分类方式进行询问。

③报案人信息：报案人姓名、联系电话等（为防止修理厂背着客户制造现场,查勘时必须核实报案人身份,同时与客户联系,通报情况）。

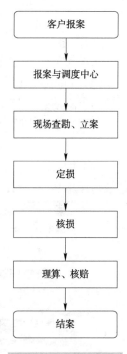

图 4-1　保险理赔流程图

④第三方车辆信息：对于涉及第三方车辆的事故,应询问第三方车辆车型、号牌号码、牌照底色以及保险情况（提醒报案人查看第三方车辆是否投保了交强险）等信息。如果第三方车辆也是本公司承保且在事故中负有一定责任,则一并登记,进行报案处理。

（2）查询承保信息。根据报案人提供的保单号码、号牌号码、牌照底色、车型、发动机号等关键信息,查询出险车辆的承保情况和批改情况。特别注意承保险别、保险期间以及是否通过可选免赔额特约条款约定免赔额。

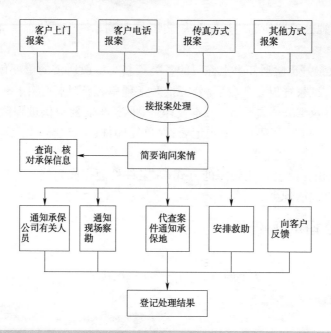

图 4-2 案件受理流程图

无承保记录的,按无保单报案处理。

(3) 查询历史出险、赔付信息。查询出险车辆的历史出险、报案信息(包括作为第三者车辆的出险信息),核实是否存在重复报案。

对两次事故出险时间相近的案件,应认真进行核查,并将有关情况通知查勘人员进一步调查。

(4) 生成案件受理记录(图 4-3)。根据出险车辆的承保情况,生成案件受理记录,报案记录与保单号一一对应。

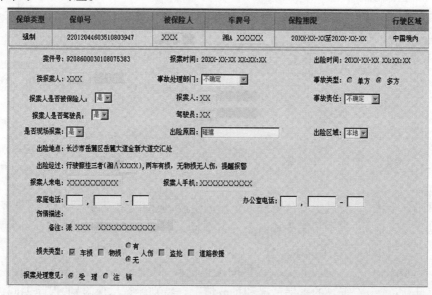

图 4-3 案件受理记录

①出险车辆的交强险和商业机动车保险在一个保单号下承保的,生成一条案件受理记录。

②出险车辆的交强险和商业机动车保险在多个保单号下承保的,在各保单项下生成对应的案件受理记录,并在各个案件受理记录之间建立关联关系。

(5)指导填写有关单证,说明后续理赔安排。接报案人员在登记报案信息后,应向报案人员说明索赔程序以及注意事项。现场报案的,应向被保险人提供"索赔申请书",如图4-4所示,并指导其据实详细填写。若被保险人非现场报案,应在查勘现场时请被保险人及时填写。

保险单号: 报案编号:

重要提示:请您如实填写以下内容,任何虚假、欺诈行为,均可能成为保险人拒绝赔偿的依据		
被保险人:	号牌号码:	号牌底色:
厂牌型号:	发动机号:	车架号(VIN):
报案人:	报案时间:	是否第一现场报案:□是 □否
公司: _____年_____月_____日_____时,驾驶人_____(姓名),驾驶证号□□□□□□□□□□□□□□□□□□,初次领证日期_____年_____月_____日,驾驶机动车_____(号牌号码),行至_____(出险地点),因(出险原因),发生_____ _____的事故,造成_____损失。		
你公司已将有关索赔的注意事项对我进行了告知。现按照保险合同的约定,向你公司提出索赔申请。 本被保险人声明:以上所填写的内容和向你公司提交的索赔材料真实、可靠,没有任何虚假和隐瞒,如有虚假、欺诈行为,愿意承担由此产生的所有法律责任。 被保险人(法人)签章: 年 月 日		
身份证号:□□□□□□□□□□□□□□□□□□		
联系电话:	地址:	邮政编码:

图4-4　机动车辆保险索赔申请书

3. 查勘调度(图4-5)

(1)及时调度查勘人员进行现场查勘。对属于保险责任范围内的事故和不能明确确定拒赔的案件,应立即调度查勘人员进行查勘。

①调度原则:就近调度、一次调度。同一保险车辆的一起事故,不论生成几条报案记录,只生成一项查勘任务,进行一次查勘调度。

②打印或传送"机动车保险报案记录(代抄单)"或"非车险报案记录(代抄单)"给查勘人员(可采用邮件传输,但须电话通知)。

同一保险车辆的一起事故存在多个报案记录的,应将所有报案记录和承保信息完整告知查勘人员。

(2)事故涉及人员伤亡的,应及时通知医疗跟踪人员(可通过网络,但也须电话告知)。

(3)需要通知承保公司的,应及时通知承保公司有关人员(可通过网络,但也须电话告知)和医疗跟踪人员。

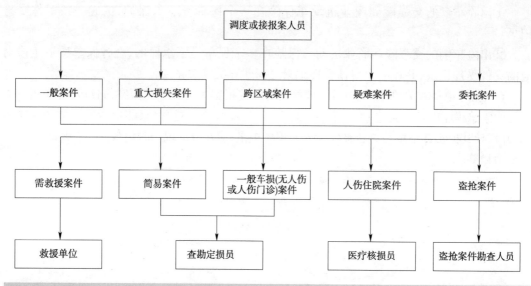

图 4-5 查勘调度工作流程图

（4）需要提供救助服务的案件，应立即安排救助（电话中心根据情况安排，但不论是否安排救助，都需要及时通知客户服务部）。

对于客户需要提供救助服务的案件，确认其加保了相应救助服务特约条款的，应立即实施救助调度，并记入"机动车特约救助书"，按救助案件处理。

对于未加保相应救助服务特约条款的客户，可协助其与救助单位取得联系。在客户同意支付相关费用的前提下，可以调度救助协助单位赶赴现场实施救助。但须在"机动车特约救助书"付费方式一栏，选择"现场收费救助"项目。

4. 现场查勘

现场查勘是了解出险情况、掌握第一现场材料和处理赔案的重要依据，现场查勘的主要任务包括：查明出险地点、出险时间、出险原因与经过。现场查勘的其他任务为：施救整理受损财产、妥善处理余损物资、索取出险证明、核实损失数额。现场查勘总的要求是：准备充分，及时深入事故现场，按照保险合同规定和尊重事实的原则，依靠地方政府和企业主管部门及广大人民群众的支持和协助，认真调查分析，做到"现场情况明了，原因清楚、责任准确、损失切实"。

5. 定损

保险理赔人员确定保险责任后，对于属于保险赔偿范围内的损失进行核定，核定的内容包括以下几方面：

（1）车辆损失的核定。车辆损失的核定包括车辆的直接损失和车辆的施救费用。保险事故造成被保险车辆的其他间接损失不在保险赔偿范围内。

①车辆修理费的核定。车辆修理费由配件费、维修工时费和管理费组成。损失确认时应在明确事故损失部位或范围的基础上贯彻"以修复为主"的原则，确定车辆的修复价格。三者车辆的修理费金额以被保险车辆的第三者责任限额为限。

②车辆施救费用的核定。车辆施救费用是指保险事故发生后，被保险人为了避免或减

少损失程度的扩大,采取保护措施而支出的合理费用。在对施救费用进行核定是,要遵循"必要、合理、限额"的原则。在施救次数的认定上,一般以事故发生时实际施救认定;特殊原因需要移送外地或其他地方的,费用在施救费用认定的赔偿金额内。但施救费用不得超过车辆的保险金额;第三者车辆的施救费用和三者其他损失的总额以被保险车辆的第三者责任限额为限。

(2)财产损失的核定。第三者责任险的财产和附加车上货物责任险承运货物的损失,应会同被保险人和有关人员逐项清理,确定损失数量、损失程度和金额。同时,要求被保险人提供有关货物、财产的原始发票。定损人员审核后,制作"机动车辆保险财产损失确认书",由被保险人签字认可。

①货物损失的核定。货物损失包括本车货物和第三者车货物。在对货物损失进行核定时,要逐项清理,确定损失数量、损失程度、损失金额。损失金额的确定应以货物的实际成本价核定。保险车辆的车上货物赔偿限额以保险金额为限;第三者货物损失和第三者其他损失的总和以第三者责任限额为限。

②其他财产损失的核定。其他财产包括第三者随身的衣物和携带及使用的有现金价值的其他物品。可以根据实际情况,通过协商,采取修复、更换、现金赔偿的方式处理。

(3)人员伤亡损失的核定。人员伤亡费用包括被保险车辆和第三者人员伤亡费用,两者的认定都按照最高人民法院颁布的《关于审理人身损害赔偿案件适用法律若干问题的解释》的有关规定确认,包括:医疗费用及其相关费用、残疾补助费、死亡补偿费、抚养费和其他有关的费用。医疗费用的认定以医疗期间发生的实际医疗费(限公费医疗的药品范围)为准;被保险人应承担的其他人员伤亡赔偿费用按国家和事故发生地有关标准和规定核定。

(4)余损物资的处理。余损物资即残值。通常的处理办法是折价归被保险人所有。如与被保险人协商不成的,可以将余损物资收回,通过其他方式处理。处理所得款项冲减赔款。

6. 核损(图 4-6)

图 4-6　核损工作流程图

(1)核损的含义。顾名思义,对于"核损"而言,"核"即审核、核实、核定,"损"即损失大小、额度、金额。就车险理赔公估核损而言,即就事故的性质、事故中车辆、物件损失及人员伤亡的情况进行审核,一方面确认事故是否属于保险责任,另一方面确认保险责任范围内事故造成的损失的金额大小、多少。

(2)建立核损的重要性及其意义。核损岗是保险公司赔案处理质量管控的重要环节,对于提升理赔品质,提高业务人员专业技能,加强保险公司理赔专业化建设都具有极为重要的意义。

(3)核损岗的工作职责。

①负责审核查勘报告、调查报告及相关资料,按需参与查勘工作,对事故的真实性和保险责任负责。

②负责审核定损报告,按需参与定损工作,对事故损失的正确性和准确性负责。

③负责维护定损配件报价信息系统、物损定损参考标准、车险定损工时参考标准、配件

更换参考标准、医疗核损标准等,为查勘定损人员提供定损依据。

④参与当地查勘定损人员的指导、监督、培训工作。

⑤负责疑难案件、重大案件、人伤案件转交调查处理的工作。

⑥负责医疗、人伤资料及人伤调查信息的审核,对资料的真实性负责。

⑦负责核定医疗、人伤损失,对医疗、人伤赔偿项目、赔偿金额的正确性负责。

⑧负责处理医疗、人伤的咨询与核损争议的解决。

⑨负责核损情况的统计和分析工作,及时掌握查勘定损人员处理赔案的质量和时效以及工作技能,为制订合理的管控制度、流程及培训方案提供依据。

(4)单证审核是核损岗位工作流程的第一步。单证审核的具体内容包括审核被保险人提供的单证照片是否齐全、真实;审核查勘定损照片是否符合现场查勘拍摄规范与要求;审核查勘定损报告填写是否符合规范与要求。审核完成后,将资料不齐、存在疑难问题的案件及时反馈给查勘定损岗位。

(5)定责审核主要根据保险条款、相关法规、现场资料、被保险人、第三者等相关资料,对案件进行全面、系统的保险责任审核。对资料不完善、准确的,应及时通知相关人员补充;对疑难、复杂案件,应及时与相关部门沟通并向上级汇报。

(6)定损审核结合本地区汽车维修行业维修工时标准、配件价格、品牌及系统提供的资料等情况,对经定责审核确认属于保险责任范围内的事故损失进行损失金额核损。

①重大案件的审核应报送上级主管部门审批。

②有物损、人伤的案件应及时与相关部门联系,协同做好审核工作。

7. 理算

(1)交强险赔款理算。

①保险人在交强险各分项赔偿限额内,对受害人人身伤亡、财产损失分别计算赔偿。基本计算公式为:

总赔款 = 受害人死亡伤残赔款 + 受害人医疗费用赔款 + 受害人财产损失赔款

各分项损失赔款 = 各分项核定损失金额

各分项核定损失金额超过各分项赔偿限额的,按各分项赔偿限额计算赔偿。

②下列情况下,保险人按以下方式计算赔偿。

a. 两辆及两辆以上机动车交通事故的赔偿。

$$各分项核定损失金额 = \frac{\Sigma 被保险机动车以外的所有受害人的各分项损失金额}{N-1}$$

式中:N——交通事故肇事机动车的数量。

【例4-1】 A、B两车在甲、乙两公司分别投保了交强险。

一次事故情况见表4-1。

事 故 情 况 (一)   表4-1

项　　目	A(有责)	B(有责)
车损(元)	2 400	5 600
医疗(元)	5 000	15 000

请问甲、乙两公司分别应该赔付多少钱?

解:甲公司所赔付的对象应该是 B 车,所以甲公司应该赔付:
2 000(有责任的财产最高限额) +10 000(有责任的医疗费用限额) =12 000(元)
乙公司所赔付的对象应该是 A 车,所以乙公司应该赔付:
2 000 +5 000 =7 000(元)

【例 4-2】 A、B 两车在甲、乙两公司分别投保了交强险。
一次事故情况见表 4-2。

事故情况(二)　　　　　　　　表 4-2

项　　目	A(无责)	B(有责)
车损(元)	2 400	5 600
医疗(元)	5 000	15 000

请问甲、乙两公司分别应该赔付多少钱?

解:甲公司所赔付的对象应该是 B 车,所以甲公司应该赔付:
100(无责任的财产最高限额) +1 000(无责任的医疗费用限额) =1 100(元)
乙公司所赔付的对象应该是 A 车,所以乙公司应该赔付:
2 000(有责任的财产最高限额) +5 000 =7 000(元)

【例 4-3】 A、B、C 三车在甲、乙、丙两公司分别投保了交强险。
一次事故情况见表 4-3。

事故情况(三)　　　　　　　　表 4-3

项　　目	A(有)	B(有)	C(有)
车损(元)	1 200	2 600	1 400

请问甲、乙、丙三公司分别应该如何赔付?

解:甲公司:应赔付 B、C 两车损失,即(2 600 +1 400) ÷(3 -1) =2 000(元)。
乙公司:应赔付 A、C 两车损失,即(1 200 +1 400) ÷(3 -1) =1 300(元)。
丙公司:应赔付 A、B 两车损失,即(1 200 +2 600) ÷(3 -1) =1 900(元)。
具体分配情况见表 4-4。

分配情况(单位:元)　　　　　　　　表 4-4

项　　目	A(有)	B(有)	C(有)
车损	1 200	2 600	1 400
甲		1 300	700
乙	600		700
丙	600	1 300	

b.机动车辆与非机动车、行人的交通事故的赔偿。多辆被保险机动车碰撞非机动车或行人的,个被保险机动车的保险人分别在交强险的责任限额内承担赔偿责任。各个被保险机动车的保险人对各受害者的各分项损失平均分摊,并在对应的分项赔偿限额内计算赔偿。

(2)车辆损失险的赔款计算。

①全部损失的赔款计算。保险车辆在保险事故中发生整体损毁,或受损严重失去修复价值,即形成实际全损或推定全损。当施救费用和修理费用之和大于或等于被保险机动车

出险时的实际价值即可推定全损。

a. 未计算免赔率的车辆损失赔款计算公式为：

未计算免赔率的车辆损失赔款 =（实际价值 – 残值 – 交强险对车辆损失赔偿金额）× 事故责任比例

公式说明：

a)"实际价值"即保险车辆出险时的实际价值，按保险事故发生时保险合同签订地同种类型车辆市场新车购置价（含车辆购置附加费/税）减去该车已使用累计月数折旧后确定。即

实际价值 = 出险时新车购置价 ×（1 – 已使用月数 × 月折旧率）

折旧率按月计算，不足一月的，不计折旧。折旧率按条款规定的比率计算。

b)如果保险金额低于出险时实际价值，因总残余价值里有一部分是客户自保的，所以这时残值应计算为：

$$残值 = 总残余价值 \times \frac{保险金额}{实际价值}$$

c)交强险对车辆损失赔偿金额是根据各分项赔偿金额的最高限额来计算的。

b. 未计算免赔率的施救费用赔款计算公式为：

$$赔款 =（核定施救费用 – 交强险对施救费赔偿金额）\times 事故责任比例 \times \frac{保险金额}{投保时保险车辆的新车购置价}$$

公式说明：

$$核定施救费用 = 施救费用 \times \frac{保险财产价值}{实际被施救财产总价值}$$

$$交强险对施救费赔偿金额 = 交强险赔偿金额 \times \frac{核定施救费用}{核定施救费用 + 核定修理费用}$$

② 车辆损失保险赔款计算。

赔款 =（未计算免赔率的车辆损失赔款 + 未计算免赔率的施救费用赔款）×（1 – 免赔率之和）

公式说明：

a. 当未计算免赔率的车辆损失赔款 ≥ 保险金额时，代入保险金额进行计算。

b. 当未计算免赔率的施救费用赔款 ≥ 保险金额时，代入保险金额进行计算。

c. "免赔率之和"是指根据条款规定适用的各项免赔率之和。

③ 部分损失的赔款计算。

$$未计算免赔率的车辆损失赔款 =（核定修理费用 – 残值 – 交强险对车辆损失赔偿金额）\times 事故责任比例 \times \frac{保险金额}{投保时保险车辆的新车购置价}$$

$$未计算免赔率的施救费用赔款 =（核定施救费用 – 交强险对施救费赔偿金额）\times 事故责任比例 \times \frac{保险金额}{投保时保险车辆的新车购置价}$$

车辆损失保险赔款 =（未计算免赔率的车辆损失赔款 + 未计算免赔率的施救费用赔款）×（1 – 免赔率之和）

此时仍有：
a. 当未计算免赔率的车辆损失赔款≥保险金额时，代入保险金额进行计算。
b. 当未计算免赔率的施救费用赔款≥保险金额时，代入保险金额进行计算。
(3) 第三者责任险的赔款理算。
① 基本计算。

$$第三者责任险赔款 = (死亡伤残费用赔款 + 医疗费用赔款 + 财产损失赔款) \times 事故责任比例 \times (1 - 免赔率之和)$$

公式说明：

$$死亡伤残费用赔款 = 受害人死亡伤残费用核定金额 - \sum 各肇事机动车交强险对受害人的死亡伤残赔偿总金额$$

$$医疗费用赔款 = 受害人医疗费用核定金额 - \sum 各肇事机动车交强险对受害人的医疗费赔偿总金额$$

$$财产损失赔款 = 受害人财产损失核定金额 - \sum 各肇事机动车交强险对受害人的财产损失赔偿总金额$$

当被保险人按事故责任比例承担的死亡伤残费用赔款、医疗费用赔款、财产损失赔款之和超过责任限额时：

$$第三者责任险赔款 = 责任限额 \times (1 - 免赔率之和)$$

② 涉及挂车的赔款计算（公式同第三者责任险的赔款计算）。

a. 主车与挂车连接时发生保险事故，在主车的责任限额内承担赔偿责任。

主车和挂车连接使用时视为一体，发生保险事故时，由主车保险人和挂车保险人按保单上载明的第三者责任险责任限额的比例，在各自的责任限额内承担赔偿责任，但赔偿金额总和以主车责任限额为限。

b. 挂车未与主车连接时发生保险事故，在挂车的责任限额内承担赔偿责任。

③ 第三者责任险赔款计算应注意以下几点：

a. 对不属于保险合同中规定的赔偿项目，但被保险人已自行承诺或支付的费用，保险人不予承担。

b. 法院判决被保险人应当赔偿第三者的金额，但不属于保险合同中规定的赔偿项目，如精神损害抚慰金等保险人不予承担。

c. 保险人对第三者责任事故赔偿后，对受害第三者的任何赔偿费用的增加不再负责。

(4) 车上人员责任险赔款理算。

$$车上人员责任险赔款 = \sum 每人赔款$$

公式说明：

① 赔款人数以投保座位数为限。

② 当被保险人扣除交强险已赔付车上人员人身伤亡费用后，按事故责任比例应承担的每座车上人员伤亡赔偿金额未超过保险合同载明的责任限额时：

$$每人赔款 = 应当承担的赔偿金额$$

③ 当被保险人扣除交强险已赔付车上人员人身伤亡费用后，按事故责任比例应承担的每座车上人员伤亡赔偿金额超过保险合同载明的责任限额时：

$$每人赔款 = 责任限额$$

(5) 全车盗抢险赔款理算。
①全部损失的赔款:
$$赔款 = 保险金额 \times (1 - 免赔率之和)$$
实际价值不得超过保险金额。若超过保险金额,代入保险金额进行计算。
②部分损失的赔款:
$$赔款 = 实际修理费用 - 残值$$
赔款金额不得超过此险种保险金额。

(6) 玻璃单独破碎险。
计算公式:
$$赔款 = 实际修理费用$$

(7) 车辆停驶损失险。
①全部报失的投保本附加险时,由保险双方在保险单上约定日赔偿金额和赔偿天数,本保险的最高赔偿天数为 90 天。即
$$赔款 = 保险合同约定的日赔偿金 \times 约定赔偿天数$$
②部分损失。保险人在双方约定的修复时间内按保险单约定的日赔偿金额乘以从送修之日起至修复竣工之日止的实际天数计算赔偿,即
$$赔款 = 保险合同约定的日赔偿金额 \times 实际修理天数$$
在一个保险期限内,上述赔款累计计算,最高以保险单约定的赔偿天数为限。

(8) 自燃损失险。
由投保人与保险人在保险车辆的实际价值内协商确定,保险人在保险单该项目所载明的保险金额内,按保险车辆的实际损失赔偿;本保险每次赔偿均实行 20% 的绝对免赔率。
①全部损失的赔款:
$$赔款 = (保险金额 - 残值) \times (1 - 20\%)$$
②部分损失的赔款:
$$赔款 = (实际修理费用 - 残值) \times (1 - 20\%)$$
③施救费用以不超过保险金额为限,其计算方式:
$$赔款 = 实际施救费用 \times \frac{保险财产价值}{实际施救财产总价值} \times (1 - 20\%)$$

(9) 车上货物责任险。
被保险人或其允许的合格驾驶人在使用保险车辆过程中,发生意外事故,致使保险车辆所载货物遭受直接损毁,依法应由被保险人承担的经济赔偿责任,以及被保险人为减少损失而支付的必要的合理施救、保护费用,保险人在保险单所载明的赔偿限额内负责赔偿。车上承运货物的赔偿限额由投保人在投保时与保险人协商确定。
①承运的货物发生保险责任范围内的损失,保险人按起运地价格在赔偿限额内负责赔偿。
a. 当被保险人按保险事故责任比例应承担的车上货物损失赔偿金额未超过保险合同载明的每人责任限额时,即应承担赔偿金额小于责任限额,那么:

$$赔款 = 应承担赔偿金额 \times (1 - 免赔率)$$

其中,免赔率规定与基本险十七条款规定相同。

b. 当被保险人按保险事故责任比例应承担的车上货物损失赔偿金额超过保险合同载明的每人责任限额时,即应承担赔偿金额大于责任限额,那么:

$$赔款 = 责任限额$$

② 每次赔偿均实行相应的免赔率,根据被保险人在事故中应负的责任比例及应承担的费用计算,公式为:

$$赔款 = 应承担费用 \times (1 - 免赔率)$$

③ 施救费用:

$$赔款 = 实际施救费用 \times \frac{保险财产价值}{实际施救财产总价值} \times (1 - 免赔率)$$

【例4-4】 若两个不同公司的甲车和乙车在行驶中发生相撞。甲车车辆损失5 000元,医疗费用10 000元,乙车车辆损失4 000元,医疗费用5 000元。公安交通管理部门裁定甲车负主要责任,乙车负次要责任。设甲车在平安交强险、投保10万元三者险,全额投保车损险,乙车在太平洋投保交强险、50万元三者险,全额投保车损险。

平安公司与太平洋公司需分别赔付多少钱?

解:①平安公司。

交强险:乙车车损4 000元>2 000元,所以财产损失赔付2 000元;医疗费用赔付5 000元。共计7 000元。

三者险:$(4\,000 + 5\,000 - 2\,000 - 5\,000) \times 70\% \times (1 - 15\%) = 1\,190(元)$

车损险:$(5\,000 - 2\,000) \times 70\% \times (1 - 10\%) = 1\,890(元)$

②太平洋保险公司。

交强险:甲车车损5 000元>2 000元,所以财产损失赔付2 000元;医疗费用赔付10 000元。共计12 000元。

三者险:$(5\,000 + 10\,000 - 2\,000 - 10\,000) \times 30\% \times (1 - 5\%) = 855(元)$

车损险:$(4\,000 - 2\,000) \times 30\% \times (1 - 5\%) = 570(元)$

8. 核赔

(1)审核单证。审核被保险人按规定提供的单证、经办人员填写赔案的有关单证是否齐全、准确、规范和全面。

(2)核定保险责任。包括被保险人与索赔人只是否相符;驾驶人是否为保险合同约定的驾驶人;出险车辆的厂牌型号、牌照号码、发动机号、车架号与保险单证是否相符;出险原因是否属保险责任;出险时间是否在保险期限内;事故责任划分是否准确合理;赔偿责任是否与承保险别相符等。

(3)核定车辆损失及赔款。包括车辆定损项目、损失程度是否准确、合理;更换零部件是否按规定进行了询报价,定损项目与报价项目是否一致;换件部分拟赔款金额是否与报价金额相符;残值确定是否合理等。

(4)核定人员伤亡及赔款。根据查勘记录、调查证明和被保险人提供的"事故责任认定书""事故调解书"和伤残证明,依照国家有关道路交通事故处理的法律、法规规定和其他有关规定进行审核;核定伤亡人员数、伤残程度是否与调查情况和证明相符;核定人员伤亡费用是否合理;被抚养人口、年龄是否真实,生活费计算是否合理、准确等。

(5)核定其他财产损失赔款。根据照片和被保险人提供的有关货物、财产的原始发票等有关单证,核定财产损失、损余物资处理等有关项目和赔款。

(6)核定施救费用。根据案情和针对施救费用的有关规定,核定施救费用有效单证和金额。

(7)审核赔付计算。审核残值是否扣除、免赔率使用是否正确、赔款计算是否准确等。

如果上级公司对下级进行核赔,应侧重审核:普通赔案的责任认定和赔款计算的准确性;有争议赔案的旁证材料是否齐全有效;诉讼赔案的证明材料是否有效;保险公司的理由是否成立、充分;拒赔案件是否有充分证据和理由等。

9. 理赔结案

结案时"机动车辆保险赔款计算书"上赔款的金额必须是最终审批金额。在完善各种核赔和审批手续后,方可签发"机动车辆保险赔款通知书"通知被保险人。

案件结案后,相关理赔单证需要整理收归档案。

理赔案卷管理包括:清分单证、案卷的整理与装订、案卷的登记与保管、案卷借阅等,如图4-7所示。

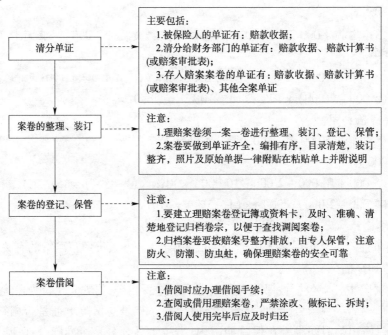

图4-7 理赔案卷管理图

(1)清分单证。

①被保险人的单证有:赔款收据。

②清分给财务部门的单证有:赔款收据、赔款计算书(或赔案审批表)。

③存入赔案案卷的单证有:赔款收据、赔款计算书(或赔案审批表)、其他全案单证。

(2)案卷的整理、装订。

①理赔案卷须一案一卷进行整理、装订、登记、保管。
②案卷要做到单证齐全,编排有序,目录清楚,装订整齐,照片及原始单据一律附贴在粘贴单上并附说明。
(3)案卷的登记、保管。
①要建立理赔案卷登记簿或资料卡,及时、准确、清楚地登记归档卷宗,以便于查找调阅案卷。
②归档案卷要按赔案号整齐排放,由专人保管,注意防火、防潮、防虫蛀,确保理赔案卷的安全可靠。
(4)整理顺序。
案卷的整理、装订依据以下的顺序进行规范装订:
①赔偿收据;
②赔案赔偿审批表或垫付费用审核表;
③机动车辆保险出险信息表;
④机动车辆保险索赔申请书;
⑤重大赔案呈报表;
⑥查勘报告或公估报告;
⑦事故调查询问笔录;
⑧重大赔案调查报告;
⑨人伤案件调查报告;
⑩定损单或经核定的预算/造价单;
⑪超权限核价/核损审批表;
⑫事故照片;
⑬道路交通事故赔偿凭证或修理/修复发票;
⑭人伤案件费用拟算表;
⑮药费单据、住院票据、医疗费或抢救费清单;
⑯护理人员收入证明;
⑰伤亡人员收入证明;
⑱交通费、住宿费票据;
⑲事故证明(包括:事故责任认定书、车辆失窃证明、火灾证明和气象证明等);
⑳交警、法院或其他机构的调解书、判决书;
㉑死亡证明;
㉒户口注销证明或火化证明;
㉓死者或伤残者的家庭情况证明或被抚养人户口本复印件等;
㉔公安交通管理部门支付垫付通知书;
㉕机动车行驶证、驾驶人驾驶证和驾驶人资格证书;
㉖权益转让书;
㉗丢失车辆登报声明;
㉘丢失车辆封档证明;

㉙丢失车辆购车的发票；
㉚丢失车辆附加税缴费原件；
㉛丢失车辆行驶证及驾驶证原件、原车钥匙(装入信封)；
㉜其他所需单据。
(5)案卷借阅。
①借阅时应办理借阅手续。
②查阅或借用理赔案卷，严禁涂改、做标记、拆封。
③借阅人使用完毕后应及时归还。

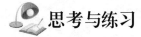

思考与练习

简答题

1. 简述有人伤时，客户的索赔流程。
2. A、B、C三车同时碰撞一辆装了水果的三轮车，造成如下损失(表4-5)。

事故车辆损失费用　　　　　　　　　　　　　　　　　表4-5

损失费用(元) \ 事故车辆	A	B	C	三轮车
车损	400	600	200	150
人伤	0	0	0	150 000
医疗费用	60 000			
水果费	600			

A、B、C均有责任。问A、B、C三车的交强险各责任限额如何赔付？

3. 某甲车主将其所有的车辆向A保险公司投保了保险金额为20万元的车辆损失险、向B保险公司投保了赔偿限额为50万元的第三者责任险，乙车没有投保商业险，但拥有交强险。后造成交通事故，导致乙车财产损失16万元和人身伤害4万元，甲车损失14万元和人身伤害1万元。经公安交通管理部门裁定，甲车主负主要责任，为60%；乙车主负次要责任，为40%。

问：A、B保险公司各应赔偿多少？

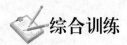

综合训练

某公司于2001年5月在某司投保了车损险保险金额15万元、三者险保险金额10万元。东风货车于2002年1月26日在高速行驶过程中，一轮胎因固定螺栓断裂而高速飞出，先砸伤一逆向行人后又砸坏路边停放的一辆轿车，造成第三者车辆车损2万元，人伤11万元，东风货车也因轮胎脱落而倾覆，车损8万元，其中固定螺栓损失1 000元，轮胎损失2 000元，另车辆与货物施救费用合计8 000元，车上货物价值10万元，被保险车辆对该起事故负全部责任,对该起事故保险公司应如何合理赔付?为什么?

注:东风货车新车购置价格为20万元,初次登记使用日期为2000年5月。

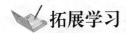拓展学习

一、理赔案卷管理

(1)理赔案卷须一案一卷整理、装订、登记、保管。赔款案卷要做到单证齐全、编排有序、目录清楚、装订整齐,照片及原始单据一律粘贴整齐并附说明。

(2)理赔案卷按分级审批、分级留存并按档案管理规定进行保管。

①车险业务档案卷内的排列顺序一般遵循的原则:承保单证应按承保工作顺序依次排列,理赔案卷应按理赔卷内目录内容进行排列。

②承保单证、赔案案卷的装订方法:

a.承保单证、赔付案件中均采用"三孔一线"的装订方法,孔间距为6.5cm,承保单证一律在卷上侧统一装订,赔付卷一律在卷左侧统一装订,对于承保和理赔中需要附贴的单证,如保费收据、赔案收据和各种医疗费收据、修理费发票等一律粘贴在"机动车辆保险(单证)粘贴表"上,粘贴整齐、美观,方便使用。

b.对于承保单证,一律按编号排序整齐,每50份装订为一卷,赔付卷要填写卷内目录和备考线,装订完毕后打印自然流水号,以防卷内形式不一的单证、照片等重要原始材料遗失。对于卷内不同规格的、形式不一的单证(如照片、锯齿发票等),除一律粘贴在统一规格的粘贴表上之外,还应加盖清晰的骑缝章,并在粘贴表的"并张单证"中注明粘贴张数。

③卷内承保、理赔卷的外形尺寸:卷内承保、理赔卷的外形尺寸分别以承保副本和机动车辆保险(单证)粘贴表的大小为标准,卷皮可使用统一的"车险业务档案卷皮"加封,并装盒保存(注每盒承保50份,理赔10份)。

④承保单证及赔付案卷卷皮上应列明内容。

承保的卷皮上应列明的内容为:机构名称、险种、年度、保单起止号和保管期限。

赔案卷皮应注明的内容为:机构名称、险种、赔案年度、赔案起止号和保管期限。

⑤档案管理要求。业务原始材料应由具体经办人提供,按顺序排列整齐,然后交档案管理人员,档案管理人员按上述要求统一建档。保管案卷人员应以保证卷内各种文件、单证的系统性、完整性和真实性为原则,当年结案的案卷归入所属业务年度,跨年度的赔案归入当年的理赔案卷。

⑥业务档案的利用工作。业务档案的利用工作既要积极主动,又必须坚持严格的查阅制度。查阅时要填具调阅登记簿,由档案管理人员亲自调档案并协助查阅人查阅。

⑦承保及理赔档案的销毁和注销。根据各个公司的规定,对于车险业务,一般保管期限为三年。对于超过保存期限,经内勤人员和外勤人员共同确定确实失去保存价值的,要填具业务档案销毁登记清单,上报部门经理方可销毁。

二、车险理赔特殊案件的处理

(1)简易赔案。

在实际工作中很多案件案情简单,出险原因清楚,保险责任明确,事故金额低,可在现场

确定损失。为简化手续,方便客户,加快理赔速度,根据实际情况可对这些案件实行简易处理,称之为简易赔案。

实行简易赔案处理的理赔案件必须同时具备以下条件。

①车辆损失险列明:自然灾害和被保险人或允许的合格驾驶人或约定的驾驶人,单方肇事导致的车损险案件。

②出险原因清楚,保险责任明确,损失容易确定。

③车损部分损失可以一次核定,已损失容易确定。

④车辆部分损失可以一次核定,已损失金额在5 000元以内。

⑤受损零部件可以准确容易地确定金额。

简易赔案处理的程序是:接受报案—现场查勘、施救,确定保险责任和初步损失—查勘定损人员定损—填写"简易赔案协议书"—报相关处理中心—办理赔款手续—支付赔款。

(2) 救助案件。

救助案件是指对投保机动车辆保险附加救助特约责任范围内的出险车辆,实施救助理赔的案件。救助案件处理过程是:接受报案并抄单—通知救助协作单位—救助单位实行救助并反馈,被保险人予以确认—立案—核对并缮制赔案—支付赔款—救助协作单位—财务中心支付预付款。

(3) 疑难案件。

疑难案件分争议案件和疑点案件两种情况。

①争议案件指保险人和被保险人对条款理解有异议或责任认定有争议的案件,在实际操作中应采用集体讨论研究、聘请专家论证和向上级公司请示等方式解决,保证案件圆满处理。

②疑点案件指赔案要素不完全、定损过程中存在疑点或与客户协商不能达成一致的赔案。疑难案件调查采取的形式:

a. 在查勘定损过程中发现有疑点的案件由查勘定损人员进行调查。

b. 在赔案制作和审批过程中发现有疑点的案件由各保险公司的专门机构负责调查。

c. 骗赔、错赔案件调查由各保险公司的专门机构完成。

(4) 注销案件。

注销案件指保险车辆发生保险责任范围内的事故,被保险人报立案后未行使保险金请求权致使案件失效注销的案件。它分为超出索赔时效注销和主动声明放弃索赔权利注销两种情况。

对于超出索赔时效注销,即自被保险人知道保险事故发生之日起两年内未提出索赔申请的案件,由业务处理中心在两年期满前10天发出"机动车辆保险结案催告、注销通知书"。被保险人仍未索赔的,案件报业务管理(科)后予以注销处理。

对于主动声明放弃索赔权利注销的案件,在业务处理中心发出"机动车辆保险结案催告、注销通知书"后,由被保险人在回执栏签署放弃索赔权利意见。案件报业务管理处(科)后予以注销处理。对涉及第三方损害赔偿的案件,被保险人主动声明放弃索赔权利的,要慎重处理。

(5)拒赔案件。

拒赔案件的拒赔原则:

①拒赔案件要严格按照《保险法》《机动车辆保险条款》有关规定处理。拒赔要有确凿的证据和充分的理由,慎重决定。

②拒赔前应向被保险人明确说明原因,认真听取意见并向被保险人做好解释工作。

(6)代位追偿案件。

代位追偿案件的实施原则:

①代位追偿必须是发生在保险责任范围内的事故。

②代位追偿是《保险法》《机动车辆保险条款》规定的保险人的权利,根据权利义务对等的原则,代位追偿的金额应在保险金额范围内根据实际情况接受全部或部分权益转让。

③代位追偿工作必须注意诉讼时效。

代位追偿案件的工作程序是:被保险人向造成损失的第三者提出书面索赔申请—被保险人向保险人提出书面索赔申请,签署"权益转让书"—业务处理中心将赔案资料转业务管理部门—业务管理部门组织进行代位求偿—业务处理中心整理赔案、归档—财务中心登记、入账。

(7)损余物资处理。

损余物资处理是指对车损换件、全损残值和盗抢追回车辆等的处理。

学习单元5 汽车保险定损与费用评估

学习目标

通过本单元的学习,应能:
1. 知道事故汽车保险定损与费用评估基本概念、原则;
2. 对事故汽车损伤诊断;
3. 知道事故汽车损伤修复预算;
4. 沟通协商事故汽车损伤修复预算;
5. 知道事故汽车损伤修复预算复议、申诉、仲裁;
6. 对事故汽车损伤修复进行检验。

学习时间

30 学时。

一、事故汽车保险定损与费用评估概述

1. 事故汽车保险定损与费用评估基本概念

保险车辆因发生保险事故(图5-1)需要确定损坏程度和定价方案,习惯上称之为"定损"。按被保险人和保险公司的约定,定损应依《机动车辆保险条款》办理,即保险车辆因保险事故受损或致使第三者财产损坏,保险人应会同被保险人一起进行车辆损失检验,确定修理项目、方式和费用。否则,保险人有权重新核定或拒绝赔偿(图5-2)。

图5-1 发生交通事故

图5-2 事故车定损

2. 事故汽车保险定损原则

出险车辆经现场查勘后,已明确属于保险责任而需要修理时,维修服务顾问应会同保险公司定损员和车主共同对出险车辆的修复费用进行准确、合理的确定。事故车辆以修复为主,在对车辆进行估价时,特别是确定更换零配件时,既要考虑到本公司经济效益,同时还要考虑事故车辆修复后的技术性能。

定损基本原则如下。

(1) 严格执行理赔制度,区别属于车主自付范畴。

维修服务顾问和定损人员应正确区分:哪些是车辆本身故障所造成的损失;哪些是车辆正常使用过程中零件自然磨损、老化造成的损失;哪些是使用、维护不当造成的损失;哪些是损伤产生后没有及时进行维护修理致使损伤扩大造成的损失;哪些是撞击直接造成的损失。不属于保险范畴的将由车主自行承担(图5-3)。

图5-3 不属于保险范畴的损失由车主自行承担

(2) 修理范围仅限于本次事故中所造成的车辆损失,包括车身损失、车辆的机械损失。

(3) 能修理的零部件,尽量修复,不要随意更换新的零部件。

(4) 能局部修复的,不能扩大到整体修理(主要是对车身表面油漆的处理)。

(5) 能更换零部件的,坚决不能更换总成件。

(6) 根据修复工艺难易程度,参照当地工时费用水平,准确确定工时费用。

维修服务顾问人员在事故车辆的定损、估价过程中,在保证被保险人的权益不受侵害、不影响车辆性能的前提下,应遵循"公平公正""能修不换"的保险补偿原则,参照当地交通运输管理部门和本公司规定的修理工时及单价对事故车辆的损伤部位逐项进行审定,做到合理准确地定损。

(7) 准确掌握汽车零配件价格(综合本企业配件价格、当地市场价格和保险公司核价共同协商)。

3. 维修服务保险顾问和定损人员应具备的要求

(1) 良好的职业道德。

良好的职业道德是维修服务保险顾问和定损人员应具备的首要条件。

(2) 娴熟的专业技术。

①加强了解客户各项需求(包括:承保、理赔、配件价格、推荐留修、个别特殊案件等),随时发现维修业务动态,以做出应对调整方案。

②利用空余时间虚心向维修师傅请教车辆维修技术,加强自身定损能力。

(3)灵活的沟通处理能力。

加强向客户和保险公司介绍和解释本公司维修相关流程的工作,处理有争议的定损项目,有效提升定损准确性和工作效率。

二、事故汽车保险损失与费用确定

1. 汽车4S店定损流程(图5-4)

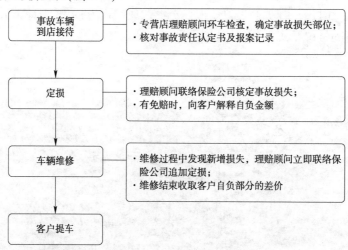

图5-4 汽车4S店定损流程图

(1)起立接待客户,主动了解事故情况。

(2)耐心指导客户填写相关基本信息。如保险单、快速处理协议书、行驶证、车牌号、驾驶证等信息。

(3)会同保险公司定损员、车主一起观察损失痕迹,确定损失部位。

①定损时,根据现场勘察记录,认真检查受损车辆,弄清本次事故直接造成的损伤部位,并由此判断和确定因肇事部位的撞击、振动可能间接引起的其他部位的损伤。

②具体鉴定、登记方法是:由前到后,由左到右,先登记外附件(即钣金覆盖件、外装饰件),其次按机器、底盘、电器、仪表等分类进行。

(4)对事故车拍照。

①拍照前核对照片显示日期,不得随意更改。

②拍照时照片应体现车辆损失部位。

③调整照片适当大小及顺序,删除不必要、不清楚、不明白的照片。

④面向事故车45°拍摄外观。

⑤本着由远到近、由外到内的原则,按层次拍照。

⑥对金额较高的配件拍摄具体损伤部位和落地件照片。

(5)确定损失项目及维修金额。

①确定出损失部位、损失项目、损失程度,并对损坏的零部件由表及里进行逐项登记,同时进行修复与更换的分类。

②三方协商确定修理方案,包括确定修理项目和换件项目。修理项目需列明各项目工时费,换件项目需明确零件价格,零件价格需通过询价、报价程序确定。

③协商一致后,三方共同签订"汽车保险车辆损失情况确认书"(表5-1)。

×××汽车服务有限公司汽车保险车辆损失情况确认书　　　　表5-1

车　主						车牌号			
厂牌型号						VIN代码			
联系电话						进厂日期			
序号	更换配件名称		数量	单价	金额	序号	维修项目		工时
1						1			
2						2			
…						…			
更换配件金额合计						维修项目合计			
总损失金额(小写)						大写			

保险公司(签字):　　　　　　　　　　　车主(签字):
维修服务顾问(签字):　　　　　　　　　日　　　期:

(6)系统录入,出具机打定损单。

(7)定损单签字确认,交车间修车。

(8)车辆维修后质量检验。

(9)出具修理明细及发票。

2. 保险公司定损流程

(1)接定损案件调度。

①查勘员接到查勘定损通知后记录如下信息:报案号、修理厂名称地址或定损地点(物损)、事故的大致情况、车牌号码、联系电话。

②应在10分钟内与客户或修理厂取得联系并约定到达时间,如不能在约定时间到达的,应及时电话联系并做好解释工作。

(2)到达定损地点。

①到厂后应先确认被保险人或驾驶人是否在厂,作自我介绍并递上名片(应使用礼貌用语),询问出险经过并指导客户填写索赔申请书。

②如客户不在场,需联系车主,尽量争取车主到场,并提醒车主有关委托理赔注意事项。

③定损前认真核对现场照片、现场勘查报告、交警责任认定书、投保情况、车架号、发动机号及相关资料。

(3)对事故车辆定损(图5-5、图5-6)。

①对整车外观及损失部位拍照,并最大可能地对内部部件拍照,拍照车架号码,对已损坏的部件拆检前必须拍照,拆检后连同车牌一同拍照并指明受损点。

拓印车架号、发动机号,对价值超过500元的配件,需贴标签拍照。

②对事故的真实性作出初步判别。对在查勘中发现有扩大损失、损失部位或碰撞痕迹不符等疑问的,应做好记录、取证等工作。

③与被保险人、修理厂共同确定修理项目、工时及更换配件项目。
④在规定时效内完成定损工作,并将定损结果通知车主或修理厂。
⑤指引客户索赔:将索赔申请书、索赔所需相关资料交给车方。

图 5-5　到店定损场景

保险车辆肇事修复协议书

保单号码:			保险期限:			
保险金额:			拆险:		修理厂:	
			完成时间:		签章:	
被保险人:			标的牌照:			
车型:			发动机号:			
第三者:			牌照:		车型:	
更换配件名称	数量	配件价格	修　复　项　目		工　时　费	
			事故拆装:			
			事故钣金:			

图 5-6

		机修：	
材料费小计：		电工：	
残值金额：		事故油漆：	
实际金额：		工时费小计：	
此定损单更换配件价格须经我司核价为准。 此定损单仅为事故损失认定,不认为任何赔偿承诺。 定损员： 报价员：		厂方同意按本单所列及保险公司意见按时保质修复 签名： 盖章：	车方同意按本单所列及保险公司意见由该厂修复 车方单位： 代表签名：

图 5-6　定损单

(4) 录入系统 (图 5-7)。

① 更换配件、维修工时录入,核对相关配件金额。

② 描述事故经过、事故责任及车辆受损部位。对于特殊情况须备注说明。

③ 编辑车损相片,并做好文字说明。

④ 上传车损相片及车损资料,上传时须严格按照保险公司规定执行,尤其是证件类。

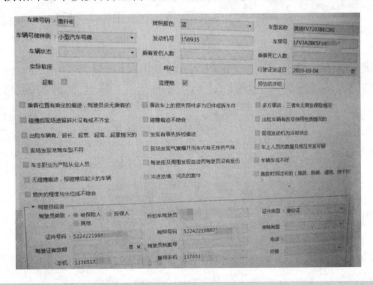

图 5-7　录入系统

三、事故汽车的损伤分析

1. 碰撞事故分类及特征

汽车碰撞事故可分为单车事故和多车事故(图 5-8),其中单车事故又可细分为翻车事故和与障碍物碰撞事故。

a)　　　　　　　　　　　　　　　　　b)

图 5-8　单车事故和多车事故

图 5-9　翻车事故

翻车事故(图 5-9)一般是驶离路面或高速转弯造成的,其严重程度主要与事故车辆的车速和翻车路况有关,既可能是人车均无大恙的局面,也可能造成车毁人亡的严重后果。与障碍物碰撞的事故主要可分为前撞、尾撞和侧撞,其中前撞和尾撞较常见,而侧撞较少发生。与障碍物碰撞的前撞和尾撞又可根据障碍物的特征和碰撞方向的不同再分类。尽管在单车事故中,侧撞较少发生,但当障碍物具有一定速度时也有可能发生。

单车事故中汽车可受到前、后、左、右、上、下的冲击荷载,且对汽车施加冲击荷载的障碍物可以是有生命的人体或动物体,也可以是无生命的物体。显然,障碍物的特性和运动状态对汽车事故的后果影响较大。这些特性包括质量、形状、尺寸和刚性等。这些特性参数的实际变化范围很大,如人体的质量远比牛这类动物体的质量小,而路面和混凝土墙的刚性远比护栏和松土的刚性大。障碍物特性和状态的千变万化导致的结果是对事故车辆及驾乘人员造成不同类型和不同程度的伤害。

多车事故为两辆以上的汽车在同一事故中发生碰撞。尽管多车事故中,可能有两辆以上的汽车同时相撞,但讨论其特征时可只考虑两辆车相撞的情形。正面相撞和侧面相撞都是具有极大危险性的典型事故状态,且占事故数量的 70% 以上。追尾事故在市内交通中发生时,一般相对碰撞速度较低。但由于追尾可造成被撞车辆中驾乘人员颈部的严重损伤和致残,其后果仍然十分严重。在多车事故中,不同车辆所受的碰撞类型是不一样的。在正面碰撞中,两辆车均受前撞;在追尾事故中,前面车辆受到尾撞,而后面的车辆却受到前撞;在侧撞事故中,一辆汽车受到侧碰,而加一辆汽车却受到前撞。在多车事故中,汽车的变形模式也是千变万化的,但与单车事故比,有两个明显的特征:

(1)在多车事故中一般没有来自上、下方向的冲击荷载。

(2)给事故汽车施加冲击力的均为其他车辆,尽管不同车辆的刚性不一样,但没有单车事故中障碍物的刚性变化大。

在实际生活中,除了以上描述的典型单车事故和典型多车事故外,还有这两类典型事故的综合性事故。如在多车事故中,一辆或多辆车与行人或其他障碍物发生碰撞。对于这类综合性事故的分析,可结合典型单车事故和典型多车事故的分析方法来讨论。

在实际生活中,汽车事故发生的状态和结果千差万别,很难用有限的篇幅描述全部可能出现的情况。同时,从上述分析可以看出,尽管单车事故看上去只涉及单一车辆,似乎情况相对简单,但车辆本身可能造成的损伤比多车事故更复杂,因为单车事故包括了上、下受冲击荷载的情形,而多车事故中一般不包括这一情形。

2.汽车碰撞机理分析

(1)碰撞冲击力。

在汽车碰撞过程中,碰撞冲击力的方向总是同某点冲击力的特定角度相关。因此,冲击合力可以分成分力,通过汽车向不同方向分散。

例如,某汽车在碰撞过程中,冲击力以垂直和侧向角度撞击汽车的右前翼子板,冲击合力可以分解成为三个分力:垂直分力、水平分力和侧向分力。这三个分力都被汽车零部件所吸收。水平分力使汽车右前翼子板变形方向指向发动机罩中心。侧向分力使汽车的右前翼子板向后变形。这些分力的大小及对汽车造成的损坏取决于碰撞角度。

冲击力造成多大面积的损坏也同样取决于冲击力与汽车质心相对应的方向。假设冲击力的方向并不是沿着汽车的质心方向,一部分冲击力将形成使汽车绕着质心旋转的力矩,该力矩使汽车旋转,从而减少冲击力对汽车零部件的损坏。

另一种情况是,冲击力指向汽车的质心,汽车不会旋转,大部分能量将被汽车零件所吸收,这种情况造成的损坏是非常严重的。

驾驶人的反应经常影响到冲击力的方向。尤其对于正面碰撞,驾驶人意识到碰撞不可避免时,其第一反应就是旋转转向盘以避免正面碰撞。这种反应所导致的汽车碰撞被称为侧面损坏。在众多的碰撞类型中,人们应首先了解这种碰撞类型损坏。

驾驶人的第二反应就是试图踩制动踏板,汽车进入制动状态,使汽车从前沿向下俯冲。这种类型的碰撞一般发生在汽车的前沿,比正常接触位置低。由这种反应所导致的类型称为凹陷,经常在侧向损坏后立即发生。正面碰撞中的凹陷能导致碰撞点高于汽车的前沿。这将引起前罩板件和车顶盖向后移动及汽车尾部向下移动。如果碰撞点的位置低于汽车的前沿,汽车的本身质量将引起汽车的尾部向上变形,迫使车顶盖向前移动,这就是为什么会在车门的前上部和车顶盖之间形成一个大缝隙。

(2)碰撞接触面积。

假设汽车以相同的速度和相近的载货量行驶,碰撞的类型不同,损坏的程度也就不同。例如,撞击电线杆和一面墙,如果撞击的面积较大,损坏程度就较小。从另一个角度说,接触面积越小,损坏就越严重。碰撞会使保险杠、发动机罩、散热器等发生严重的变形。发动机向后移动,碰撞所带来的影响甚至会扩展到后悬架。

3. 汽车碰撞损伤类型

按汽车碰撞行为分,汽车碰撞损伤可分为直接损伤(或一次损伤)和间接损伤(或二次损伤),如图5-10所示。

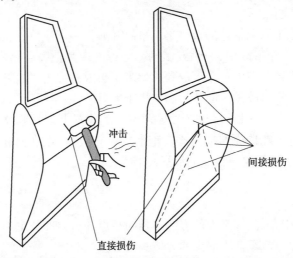

图 5-10　直接损伤及间接损伤

(1) 直接损伤。

直接损伤是指车辆直接碰撞部位出现的损伤。如直接碰撞点为车辆左前方,推压前保险杠车辆左前翼子板、散热器护栅、发动机罩、左车灯等导致其变形,称为直接损伤。

(2) 间接损伤。

间接损伤是指二次损伤,损伤离碰撞点有一段距离。间接损伤是因碰撞力传递而导致的弯曲变形和各种钣金件的扭曲变形等,如车架横梁、行李舱底板、护板和车轮外壳等处的变形。

按汽车碰撞后导致的损伤现象不同,汽车碰撞损伤可归纳为五大类,即侧弯、凹陷、折皱或压溃、菱形损伤、扭曲。

①侧弯。汽车前部、汽车中部或汽车后部在冲击力的作用下,偏离原来的行驶方向发生的碰撞损坏,称为侧弯。汽车的前部侧弯,冲击力使"汽车"的一边伸长,一边缩短。侧弯也有可能在汽车中部和后部发生。侧弯可以通过视觉观察和对汽车侧面的检查判别出来,在汽车的伸长侧面留下一条刮痕,而在另一缩短侧面会有折皱。发动机罩不能正常的开启等情况都是侧面损坏的明显特征。对于非承载式车身汽车,折皱式侧面损坏一般发生在汽车车架横梁的内部和相反方向的外部。承载式车身的汽车车身也能够发生侧面损坏。

②凹陷。凹陷就是出现汽车的前罩区域比正常的规定低的情况(图5-11)。如损坏的车身或车架背部呈现凹陷形状。凹陷一般是由于正面碰撞或追尾碰撞引起的。有可能发生在汽车的一侧或两侧。当发生凹陷时,可以看到在汽车翼子板和车门之间顶部变窄,底部变宽。也可以看到车门闩眼处过低。凹陷是一种普通碰撞损坏类型,大量存在于交通事故中。尽管折皱或扭结在汽车车架本身并不明显,但是一定的凹陷将破坏汽车车身的钣金件的结合。

③折皱或压溃。折皱就是在车架上(非承载式车身汽车)或侧梁(承载式车身汽车)微小的弯曲。如果仅考虑车架或侧梁上的折皱位置,常是另一种类型损坏。

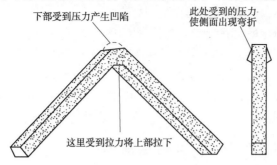

图5-11 凹陷

例如,在车架或在车架边纵梁内侧有折皱,表明有向内的侧面损坏;折皱在车架或在车架边梁外侧,表明有向外的侧面损坏;在车架或在车架边梁的上表面有折皱,一般表明是向上凹陷类型;如果折皱在相反的方向即位于车架的下表面,则一般为向下凹陷类型。

压溃是一种简单、具有广泛性的折皱损坏。这种损坏使得汽车框架的任何部分都比规定的短。压溃损坏一般发生在前罩板之前或后窗之后,车门没有明显的损坏痕迹。然而在前翼子板、发动机罩和车架棱角等处会有折皱和变形。在轮罩上部车身框架常向上升,引起弹簧座损坏。伴随压溃损坏,保险杠的垂直位移很小。发生正面碰撞或追尾碰撞,会引起这种损坏。

在决定严重压溃损坏的修理方法时,必须记住一点:在承载式车身上,高强度钢加热后易于拉伸,但这种方法要严格限制,因为这些钢材加热处理不当,会使其强度、刚度降低。

另一方面,对弯曲横梁冷却拉直可能导致板件撕裂或拉断。然而对小的撕裂,可用焊接的方法修复,但必须合理地考虑零件是修理还是换新件。如果结构部件扭绞,即弯曲超过90°,该零件应该换新件;如果弯曲小于90°,可能拉直并且能够满足设计强度,该零件可以修理。用简单的方法拉直扭绞零部件可能会使汽车结构性能下降。当这种未达到设计标准的汽车再发生事故时,气囊将有可能不能正常打开,这样就会危及乘客的生命。

④菱形损坏。菱形损坏是指一辆汽车的一侧向前或向后发生位移,使车架或车身不再是方形。汽车的形状类似一个平行四边形,这是由于汽车碰撞发生在前部或尾部的一角或偏离质心方向所造成的。明显的迹象就是发动机罩和车尾行李舱盖发生了位移。在驾驶室后侧围板的后轮罩附近或在后侧围板与车顶盖交接处可能会出现折皱。折皱也可能出现在乘客室或行李舱地板上。通常,压溃和凹陷会带有菱形损坏。

菱形损坏经常发生在非承载式车身汽车上。车架的一边梁相对于另一边梁向前或向后运动。可以通过量规交差测量方法来验证菱形损坏。

⑤扭曲。扭曲即汽车的一角比正常的高,而另一角要比正常的低。当一辆汽车以高速撞击到路边或高级公路中间分界的安全岛时,有可能发生扭曲型损坏。后侧车角发生碰撞也常发生扭曲损坏,仔细检查能发现板件不明显的损坏,然而真正的损坏一般隐藏在下部。由于碰撞,车辆的一角向上扭曲,同样,相应的另一角向下扭曲。由于弹簧弹性弱,所以如果汽车的一角凹陷到接近地面的程度,应该检查是否有扭曲损坏。当汽车发生滚翻时,也会有

扭曲。

只有非承载式车身汽车才能真正发生扭曲。车架的一端垂直向上变形,而另一端垂直向下变形。从一侧观察,看到两侧纵梁在中间处交叉。

承载式车身汽车前后横梁并没有连接,因此并不存在真正意义上的"扭曲"。承载式车身损坏相似的扭曲是,前部和后部元件发生相反的凹陷。例如:右前侧向上凹陷,左后侧向下凹陷,左前侧向下凹陷而右后侧向上凹陷。

对于承载式车身汽车而言,在校正每一端的凹陷时应对汽车的拉伸修理进行评估;对于非承载式车身汽车,需要两个方面的拉伸修理:汽车前沿的拉伸修理和汽车后端的修理。

四、事故汽车碰撞损伤的诊断与测量

要准确地评估好一辆事故汽车,就要对其碰撞受损情况作出准确的诊断,即确切地评估出汽车受损的严重程度、范围及受损部件。确认完这些之后,才能制定维修工艺,确定维修方案。一辆没有经过准确诊断的汽车会在修理过程中发现新的损伤情况,这样,必然会造成修理工艺及方案的改变,从而造成修理成本的增加。由于需要控制修理成本,往往会造成修理质量的不尽如人意,甚至留下质量隐患。因此,对碰撞作出准确的诊断是衡量一名汽车评估人员水平的重要标志。

通常,一般的汽车评估人员对碰撞部位直接造成的零部件损伤都能作出诊断,但是这些损伤对于与其相关联零部件的影响以及发生在碰撞部位附近的损伤常常可能会被疏忽。因此,对于现代汽车,较大的碰撞损伤只用目测来鉴定是不够的,还必须借助相应的工具及仪器设备来鉴定汽车的损伤。

1. 在进行碰撞损伤鉴定评估之前应当注意的安全事项

(1)在查勘碰撞受损的汽车之前,先要查看汽车上是否有破碎玻璃棱边,以及是否有锋利的刀状和锯齿状金属边角。为安全起见,最好对危险的部位做上安全警示标记,或进行处理。

(2)如果汽油泄漏气味,切忌使用明火和开关电器设备。对于较大事故,为保证汽车的安全可考虑切断蓄电池电源。

(3)如果有机油或齿轮油泄漏,注意别滑倒。

(4)在检验电器设备状态时,注意不要造成新的设备和零部件的损伤。如在车门变形的情况下,检验电动车窗玻璃升降功能时,切忌盲目升降车窗玻璃。

(5)应在光线良好的场所进行碰撞诊断,如果损伤涉及底盘件或需在车身下进行细致检查时,务必使用汽车升降机,以保证评估人员的安全性。

2. 基本的汽车碰撞损伤鉴定步骤

(1)了解车身结构的类型。

(2)以目测确定碰撞部位。

(3)以目测确定碰撞的方向及碰撞力大小,并检查可能有的损伤。

(4)确定损伤是否限制在车身范围内,是否还包含功能部件或零配件(如车轮、悬架、发动机及附件等)。

(5)沿着碰撞路线,系统地检查部件的损伤,直到没有任何损伤痕迹的位置。例如,立柱的损伤可以通过检查门的配合状况来确定。

（6）测量汽车的主要零部件，通过比较维修手册车身尺寸图表上的标定尺寸和实际汽车上的尺寸来检查汽车车身是否产生变形量。

（7）用适当的工具或仪器检查悬架和整个车身的损伤情况。

3. 以目测确定碰撞损伤的程度

在大多数情况下，碰撞部位能够显示出结构变形或者断裂的迹象。用肉眼进行检查时，先要后退离开汽车对其进行总体观察。从碰撞的位置估计受撞范围的大小及方向，并判断碰撞如何扩散。同样，先从总体上查看汽车上是否有扭转、弯曲变形，再查看整个汽车，设法确定出损伤的位置以及所有的损伤是否都是由同一起事故引起的。

碰撞力沿着车身扩散，并使汽车的许多部位发生变形，碰撞力具有穿过车身坚固部位抵达并损坏薄弱部件，最终扩散并深入至车身部件内的特性。因此，为了查找出汽车损伤，必须沿着碰撞力扩散的路径查找车身薄弱部位（碰撞力在此形成应力集中）。沿着碰撞力的扩散方向一处一处地进行检查，确认是否有损伤及其程度。具体可从以下几个方面来加以识别：

（1）钣金件的截面突然变形。碰撞所造成的钣金件的截面变形与钣金件本身设计的结构变形不一样，钣金件本身设计的结构变形处表面油漆完好无损，而碰撞所造成的钣金件的截面变形处油漆起皮、开裂。车身设计时，要使碰撞产生的能量能够按照一条既定的路径传递、在指定的地方吸收。

（2）零部件支架断裂、脱落及遗失。发动机支架、变速器支架、发动机各附件支架是碰撞应力吸收处，发动机支架、变速器支架、发动机各附件支架在汽车设计时就有保护重要零部件免受损伤的功能。在碰撞事故中常有各种支架断裂、脱落及遗失的现象出现。

（3）检查车身每一部位的间隙和配合。车门是以铰链装在车身立柱上的，通常立柱变形就会造成车门与车门、车门与立柱的间隙不均匀。

另外，还可通过简单地开关车门，查看车门锁机与锁扣的配合，从锁机与锁扣的配合可以判断车门是否下沉，从而判断立柱是否变形。查看铰链的灵活程度可以判断主柱及车门铰链处是否变形。

（4）检查汽车本身的惯性损伤。当汽车受到碰撞时，一些质量较大的部件（如装配在橡胶支座上的发动机附离合器总成）在惯性力的作用下会造成固定件（如橡胶垫、支架等）及周围部件及钢板的移位、断裂，应对其进行检查。对于承载式车身结构的汽车，还需检查车身与发动机及底盘结合部是否变形。

（5）检查来自乘员及行李的损伤。乘员和行李在碰撞中由于惯性力作用还能引起车身的二次损伤，损伤的程度因乘员的位置及碰撞的力度而异，其中较常见的损伤位置有转向盘、仪表工作台、转向柱护板及座椅等。行李舱中的行李是造成行李舱中如 CD 机、音频功率放大器等设施常见损伤的主要原因。

4. 车身变形的测量

测量碰撞损伤汽车车身尺寸是做好碰撞损失评估的一项重要工作。就承载式车身结构的汽车来说，准确的车身尺寸测量对于损伤鉴定更为重要。转向系和悬架大都装配在车身上。齿轮齿条式转向器通常装配在车身或副梁上，形成与转向臂固定的联系，车身的变形直接影响到转向系中横拉杆的定位尺寸。绝大多数汽车的主销后倾角和车轮外倾角是不可调整的,它们是通过与车身的固定装配来实现的,车身悬架座的变形直接影响到汽车的主销后倾角和车轮外倾角。发动机、变速器及差速器等也被直接装配在车身或车身构件支承的支架上。车身的变形还会使转向器和悬架变形,或使零部件错位,从而导致车身操作失灵,传动系产生振动和噪声,拉杆接头、轮胎、齿轮齿条的过度磨损和疲劳损伤。为保证汽车正确的转向及操纵性能,关键定位尺寸的公差必须不超过3mm。

碰撞损伤的汽车最常见部位测量方法如下:

(1)车身的扭曲变形测量。要修复碰撞产生的变形,撞伤部位的整形应按撞击的相反方向进行,修复顺序也应与变形的形成顺序相反。因此,检测也应按相反的顺序进行。

测量车身变形时,应记住车身的基础是它的中段,所以应首先测量车身中段的扭曲和方正状况,这两项测量将告诉汽车评估人员车身的基础是否周正,然后才能以此为基准对其他部位进行测量。

扭曲变形是最后出现的变形,因此应首先进行检测。扭曲是车身的一种总体变形。当一辆车车身一侧的前端或后端受到向下或向上的撞击时,另一辆车的变形就为相反的方向。这时就会呈现扭曲变形。

扭曲变形只能在车身中段测量,否则,在前段或后段的其他变形将导致扭曲变形的测量数据不准确。为了检测扭曲变形,必须悬挂两个基准自定心规,它们也称作前中规和后中规。前中规应尽量靠近车体中段前端,而后中规则尽量靠近车体中段的后端。然后相对于后中规观测前中规:如果两规平行,则说明没有扭曲变形,否则说明可能有扭曲变形。通过测量车辆受损位置的尺寸和出厂车身尺寸来判断碰撞产生的变形量。最常用的方法是:上部测量两悬架座至另一侧散热器框架上控制点的距离是否一致;下部测量前横梁两定位控制点至另一侧副梁后控制点的距离是否一致。通常检查的尺寸越长,测量就越准确。如果利用每个基准点进行两个或更多个位置尺寸的测量,就能保证所得到的结果更为准确,同时还有助于判断车身损伤的范围和方向。

(2)车身侧围的测量。通常汽车左右是对称的,利用车身的左右对称性,通过测量可以进行车身挠曲变形的检测。这种测量方法不适用于车身的扭曲变形和左右两侧车身对称受损的情况。

通过左侧、右侧长度的测量和比较,可对损伤情况作出很好的判断,这一方法适用于左侧和右侧对称的部位,它还应与对角线测量法联合使用。

(3)车身后段的测量。后部车身的变形大致上可通过行李舱盖开关的灵活程度,以及与行李舱结合的密封性来判断。后风窗玻璃是否完好,后风窗玻璃与风窗玻璃框的配合间隙左右、上下是否合适,也是评估判断车身后部是否变形的常用手段。

五、事故汽车常损零件维修与更换的方法

在损失评估中,受损零件的修与换是困扰汽车评估人员的一个难题,同时也是汽车评估人员必须要掌握的一项技术,是衡量汽车评估人员水平的一个重要标志。在保证汽车修理质量的前提下,用最小的成本,完成受损部位修复是评估人员评估受损汽车的原则。碰撞中常损零件有承载式车身结构钣金件、车身覆盖钣金件、塑料件、机械件及电器件等。

1. 承载式车身结构钣金件修与换

碰撞受损的承载式车身结构件是更换,还是修复?这是汽车评估人员几乎每天都必须面对的问题。实际上,作出这种决定的过程就是一个寻找判断理由的过程。为了帮助汽车评估人员作出正确的判断,美国汽车撞伤修理业协会经过大量的研究,终于得出关于损伤结构件的修复与更换的一个简单的判断原则,即"弯曲变形就修,折曲变形就换"。

为了更加准确地了解折曲和弯曲这两个概念,必须了解弯曲变形和折曲变形的特点。

(1)弯曲变形特点。零件发生弯曲变形,其特点是:

①损伤部位与非损伤部位的过渡平滑、连续。

②通过拉拔矫正可使它恢复到事故前的形状,而不会留下永久的塑性变形。

(2)折曲变形特点。

①弯曲变形剧烈,曲率半径小于3mm,通常在很短的长度上弯曲90°以上。

②矫正后,零件上仍有明显的裂纹或开裂,或者出现永久变形带,不经过调温加热处理不能恢复到事故前的形状。

(3)汽车评估人员的注意事项。虽然美国汽车撞伤修理业协会的"弯曲与折曲"原则是判断承载式车身结构件是更换还是修复的依据,但撞伤评估人员必须懂得:

①在折曲和随后的矫正过程中钢板内部发生了什么变化?

②为什么那些仅有一些小的折曲变形或有裂纹的大结构件也必须裁截或更换?

③当承载式车身决定采用更换结构钣金件时,应完全遵照制造厂的建议。当需要切割或分割钣金件时,厂方的工艺要求必须遵守,一些制造厂不允许反复分割结构钣金件,另一些制造厂规定只有在遵循厂定工艺时,才同意分割。所有制造厂家都强调,不要割断可能降低乘客安全性的区域、降低汽车性能的区域或者影响关键尺寸的地方。在我国,应采用"弯曲变形就修,折曲变形就可以换,而不是必须更换"的原则,从而避免可能产生更大的车身损伤。

④高强度钢在任何条件下,都不能用加热来矫正。

2. 非结构钣金件修与换

非结构钣金件又称覆盖钣金件,承载式车身的覆盖钣金件通常包括可拆卸的前翼子板、车门、发动机盖、行李舱盖和不可拆卸的后翼子板、车顶等。

(1)可拆卸件修与换。

①前翼子板修与换。

a. 损伤程度没有达到必须将其从车上拆下来才能修复的,如整体形状还在,只是中部的局部凹陷,一般不考虑更换。

b. 损伤程度达到必须将其从车拆下来才能修复,并且前翼子板的材料价格低廉、供应流畅,材料价格达到或接近整形修复工费的,则应考虑更换。

c. 如果每米长度超过3个折曲、破裂变形,或已无基准形状,应考虑更换。一般来说,当每米折曲、破裂变形超过3个时,通过整形和热处理后很难恢复其尺寸。

d. 如果每米长度不足3个折曲、破裂变形,且基准形状还在,应考虑整形修复。

e. 如果修复工费明显小于更换费用时,应考虑以修理为主。

②车门修与换。

a. 如果车门门框产生塑性变形，一般来说是无法修复的，应考虑以更换为主。

b. 许多汽车的车门面板是可以作为单独零件供应的（如奥迪 100 型），面板的损坏可以单独更换，不必更换门壳总成。

③发动机盖和行李舱盖修与换。

绝大多数汽车的发动机盖和行李舱盖，是用两个冲压成形的冷轧钢板经翻边胶粘制成的。

a. 判断碰撞损伤变形的发动机盖或行李舱盖，是否要将两层分开进行修理，如果不需将两层分开，则不应考虑更换。

b. 需要将两层分开整形修理，应首先考虑工费加辅料与其价值的关系，如果工费加辅料接近或超过其价值，则不应考虑修理。反之，应考虑整形修复。其他同车门。

（2）不可拆卸件修与换。碰撞损伤的汽车中最常见的不可拆卸件就是三厢车的后翼子板（美国教科书称作 1/4 车身面板），由于更换需从车身上将其切割下来，而国内绝大多数汽车修理厂在切割和焊接上，满足不了制造厂提出的工艺要求，从而造成车身结构新的修理损伤。所以，在国内现有的修理行业设备和工艺水平下，后翼子板只要有修理的可能性都应采取修理的方法修复。

3. 塑料件修与换

塑料件修与换的掌握应从以下几个方面来考虑：

（1）对于燃油箱及要求严格的安全结构件，必须考虑更换。

（2）整体破碎应考虑更换为主。

（3）价值较低、更换方便的零件应考虑更换为主。

（4）应力集中部位，如富康车尾门铰链、撑杆锁机处，应考虑更换为主。

（5）基础零件，并且尺寸较大，受损以划痕、撕裂、擦伤或穿孔为主，这些零件拆装麻烦、更换成本高或无现货供应时，应考虑修理为主。

（6）表面无漆面的、不能使用氰基丙烯酸酯黏结法修理的且对表面美观要求较高的塑料零件，一般来说，由于修理处会留下明显的痕迹，应考虑更换。

4. 机械类零件修与换

（1）悬架系统、转向系零件修与换。在掌握悬架系统中零件修与换之前，必须了解悬架系统与车轮定位的关系。非承载式车身，正确的车轮定位的前提是正确的车架形状和尺寸；承载式车身，正确的车轮定位的前提是正确的车身定位尺寸。车身定位尺寸的允许偏差一般在 1~3mm，可见要求之高。

汽车悬架系统中的任何零件是不允许用校正的方法进行修理的。当车轮定位仪器（前轮定位或四轮定位仪器）检测出车轮定位不合格时，对于用肉眼和一般量具又无法判断出具体的损伤和变形的零部件，不要轻易作出更换悬架系统中某个零件的决定。

车轮外倾、主销内倾、主销后倾，它们都与车身定位尺寸密切相关。车轮外倾、主销内倾、主销后倾不对时，首先分析是否是碰撞造成的，由于碰撞事故不可能造成轮胎的不均匀磨损，可通过检查轮胎的磨损是否均匀来初步判断事故前的车轮定位情况。

例如桑塔纳车的车轮外倾角，下摆臂橡胶套的磨损、锁板固定螺栓的松动，都会造成车轮外倾角的增大。再检查车身定位尺寸，在消除了诸如摆臂橡胶套的磨损等原因，矫正好车身,使得相关定位尺寸正确后,再做车轮定位检测。如果此时车轮定位检测仍不合格,再根据其结构和维修手册判断具体的损伤部件,逐一更换、检测,直至损伤部件确认为止。上述过程通常是一个非常复杂而烦琐的过程,又是一个技术含量较高的工作。由于悬架系统中的零件都是安全部件,而零件的价格又较高,鉴定评估工作切不可轻率马虎。

(2)铸造基础件修与换。汽车的发动机缸体、变速器、主减速和差速器的壳体往往用球墨铸铁或铝合金铸造而成。在遭受冲击荷载时,常常会造成固定支脚的断裂。但球墨铸铁或铝合金铸都是可以焊接的。

一般情况下,对发动机缸体、变速器、主减速和差速器的壳体的断裂是可以进行焊接修理的。如桑塔纳普通型轿车在遭受正面或左侧正面碰撞时,气缸盖发电机固定处常见的碰撞断裂,通过焊接,其强度、刚度和使用性能都可以得到满足。桑塔纳普通型轿车的气缸体的空调压缩机固定处,同样会遭受类似的碰撞损伤,也可以用类似方法修复。

但不论是球墨铸铁还是铝合金铸件,焊接都会造成其变形,这种变形通常用肉眼看不出来,但由于焊接部位的附近对形状尺寸要求较高(如发动机气缸壁、变速器、主减速和差速器的轴承座),也就是说,如果发动机气缸壁或变速器、主减速和差速器的轴承座这些部位附近产生断裂,则采用焊接的方法修复常常是不行的;如果这些部位产生断裂,一般来说应考虑更换。

5. 电器件修与换

有些电器件在遭受碰撞后,它的外观没有损伤,然而其"症状"是"坏了",但是它是否真的"坏了",还是系统中的电路保护装置工作了呢?对此一定要认真检查。

如果电路过载或短路就会出现大电流、导线发热、绝缘损伤,结果会酿成火灾。因此,电路中必须设置保护装置。熔断器、熔丝链、大限流熔断器和断路器都是过流保护装置,它们可以单独使用,也可以配合使用。碰撞会造成系统过载,相应的熔断器、熔丝链、大限流熔断器和断路器会因过载而工作,出现断路,"症状"就是"坏了"。各种电路保护装置如下:

(1)熔断器。现代汽车使用较多的是熔片式熔断器。

检查时将熔断器从熔断器板(俗称熔丝盒)上拉出来,透过透明塑料壳查看里边的熔丝有没有烧断和塑料壳有没有变色。如果烧断,更换时应使用同一规格(电流量)的熔断器。

许多欧洲产汽车采用陶瓷熔断器,它的中间是一个陶瓷绝缘体,一侧绕着一根金属丝。检查时可查看绕在陶瓷绝缘体外的金属丝有没有烧断。

无论哪种类型的熔断器都可以用万用表进行断路检测。

(2)熔丝链。熔丝链用在最大电流限制要求不十分严格的电路中,通常装在点火开关电路和其他拔出点火钥匙后仍在工作的电路的蓄电池正极一侧,位置一般在发动机舱内的蓄电池附近,也用在不便于将导线从蓄电池引至熔断器板再引回负载的场合。

熔丝链是装在一个导体里的一小段细金属丝,通常靠近电源。由于熔丝链比主导线细,所以能在电路中其他部分损坏之前熔断并形成断路。熔断器表面有一层特殊的绝缘层,过热时会冒泡,表明熔丝已经熔化。如果绝缘表面看起来没问题,轻轻往两边拉拉电线,这时若能拉长,则说明熔丝链已经熔化。如果拿不准它是否熔化,可以用测试灯或万用表进行断路检测。

(3)大限流熔丝。有些新的电器系统用大限流熔丝取代了常规的熔丝链。大限流熔丝的外观和用法有些像双熔片式熔断器,但外形比较大,电流的额定值也更高(一般要高4～5倍)。大限流熔丝装在单独的熔丝盒内,位于发动机罩下。

大限流熔丝的丝比一般熔丝链便于检查和更换。检查时透过彩色塑料壳可以看到熔丝,如果熔丝断了,将熔丝从熔丝盒里抽出来即可更换。

大限流熔丝的另一个优点是可以将汽车的电气系统分成几个较小的电路,方便诊断和检查。例如,有些汽车上用一个熔丝链控制大半个整机电路,如果这个熔丝链断了,许多电器装置都不能工作。换成若干个大限流熔丝,则因一个熔丝烧断而停机的电器装置的数目将显著减少,这样可准确地找到故障源。

(4)断路器。有的电路用断路器保护。它可以集中装在熔丝盒上,也可以分散串在电路中。跟熔断器一样,它也是以电流值来定等级的。

断路器分循环式和非循环式两种。

①循环式断路器。循环式断路器常用一个由两面金属膨胀率相差较大的金属薄片制成(俗称双金属熔丝),当流过双金属臂的电流过大时,金属臂就发热,由于两种金属的膨胀率相差较大,金属臂产生弯曲变形而打开触点,切断电流。电流停止后,金属冷却,恢复到原形状触点闭合,恢复供电。如果电流仍过大,电路又切断,如此反复。

②非循环式断路器。非循环式断路器有两种。一种是停止给电路供电即可复位的,这种断路器的双金属臂上绕有线圈,过流时触点打开,有小电流流过线圈。小电流不能驱动负载,但可以加热双金属臂,使金属臂保持断路状态,直到停止供电。另一种要按下复位按钮才能复位,其金属臂由一弹簧顶住,保持触点接通。电流过大时,双金属臂发热,弯曲到一定程度,克服弹簧阻力而打开触点,直到按下复位按钮才能重新闭合(如 EQl091 前照灯线路采用)。

图5-12　前保险杠

六、事故汽车保险定损

1. 事故汽车车身的定损

(1)前保险杠及附件,如图5-12所示。

前保险杠及附件由前保险杠、前保险杠饰条、前保险杠内衬、前保险杠骨架、前保险杠支架、前保险杠灯等组成。

现代轿车的保险杠绝大多数用塑料制成,对于用热塑性塑料制成、价格又非常昂贵的保险杠,如果其破损处不多,并且要为表面做漆的,可用塑料焊机焊接。

保险杠饰条破损后基本以换为主。

保险杠使用内衬的多为中高档轿车,常为泡沫制成,一般可重复使用。

现代轿车的保险杠骨架多数用金属制成,使用较多的是用冷轧板冲压成形,少数高档轿车采用铝合金制成。对于铁质保险杠骨架,轻度碰撞常采用钣金修理的方法修复,价值较低的中度以上的碰撞常采用更换的方法修复。铝合金的保险杠骨架修复难度较大,中度以上的碰撞多以更换修复为主。

保险杠支架多为铁质，一般价格较低，轻度碰撞常采用钣金修复，中度以上的碰撞多为更换修复。

（2）前护栅及附件。前护栅及附件由前护栅饰条、前护栅铭牌等组成。

前护栅及附件的破损多数以更换修复为主。

（3）散热器框架，如图 5-13 所示。散热器框架又称前裙。

现代轿车的散热器框架在承载式车身中属于结构件，多为高强度钢板，结构形状复杂，轻度的变形通常可以钣金修复，而中度以上的变形往往不易钣金修复，高强度低合金钢更是不易钣金修复。

（4）散热器及附件，如图 5-14 所示。散热器及附件包括散热器、进水管、出水管、副散热器等。

图 5-13　散热器框架

图 5-14　散热器

现代汽车散热器一般是铝合金的，铜质散热器由于造价较高，基本已不再使用。判断散热器的修与换基本与冷凝器相似。所不同的是，散热器常有两个塑料水管，水管破损后，一般需更换，而水管在遭受撞击后最易破损。水管的破损一般以更换的方法修复。

水泵传动带轮是水泵中最易损坏的零件，通常变形后以更换为主，较严重的会造成水泵前段（俗称水泵头子）中水泵轴承处损坏，一般更换水泵前段即可，而不必更换水泵总成。

轻度风扇护罩变形一般以整形矫正为主，严重的变形常常采取更换的方法修复。

主动风扇与从动风扇常为风扇叶破碎，由于生产时将风扇叶做成了不可拆卸式，也无风扇叶可购买，所以风扇叶破碎后都要更换总成。

风扇传动带在碰撞后一般不会损伤，由于其正常使用的磨损也会造成损坏。拆下后如果需更换应确定是否是碰撞原因。

（5）发动机盖及附件，如图 5-15 所示。轿车发动机盖绝大多数采用冷轧钢板冲压而成，少数高档轿车采用铝板冲压而成。冷轧钢板在遭受撞击后常见的损伤有变形、破损。铁质发动机盖是否需更换主要根据变形的冷作硬化程度、基本几何形状变形程度。冷作硬化程度较少、几何形状较好的发动机盖常采用钣金修理法修复，反之

图 5-15　发动机盖

则更换。铝质发动机盖通常产生较大的塑性变形就需更换。

发动机盖锁遭受碰撞变形、破损后,多以更换为主。

发动机盖铰链遭受碰撞后多以变形为主,由于铰链的刚度要求较高,变形后多以更换为主。

发动机盖撑杆常有铁质撑杆和液压撑杆两种,铁质撑杆基本上都可以通过矫正修复,液压撑杆撞击变形后多以更换修复为主。

发动机盖拉索在轻度碰撞后一般不会损坏,碰撞严重会造成折断,折断后应更换。

(6)前翼子板及附件,如图5-16所示。前翼子板遭受撞击后,其修理与发动机基本相同。

前翼子板的附件常有饰条、砾石板等,饰条损伤后多以更换为主,即使饰条未遭受撞击,而常因钣金整形翼子板需拆卸饰条,许多汽车的饰条拆下后就必须更换。砾石板因价格较低,撞击破损后一般做更换处理。

(7)前纵梁及挡泥板。

①前纵梁定损分析。

图5-16 前翼子板

鉴定方法:若前纵梁弯曲变形,则前纵梁上的漆皮将会脱落,铁皮起皱,左右前翼子板的缝隙大小不一,发动机盖向两边偏移等。

定损处理:在一般情况下,大多采取矫正处理。对于纵梁变形程度较大的,一般情况下可采取更换处理。

②挡泥板定损分析。正面碰撞一般会造成前纵梁支撑及挡泥板前部变形,如果从侧面碰撞或者严重正面碰撞则可能造成平行包变形。当汽车发生正面碰撞,挡泥板前部变形,一般都采取整形修复处理。若碰撞严重,造成前纵梁弯折,挡泥板破损,在决定更换前纵梁的同时,连挡泥板一同更换。若从侧面碰撞,使平行包变形严重或破损,可更换挡泥板。

(8)前风窗玻璃及附件,包括前风窗玻璃、前风窗玻璃密封条及饰条、内视镜等,如图5-17所示。前风窗玻璃及附件因撞击损坏基本上以更换为主。

前风窗玻璃胶条密封式和粘贴式,桑塔纳普通型为胶条密封式,更换风窗玻璃不用更换密封胶条。对于粘贴式的风窗玻璃,更换风窗玻璃时可能还要更换风窗玻璃饰条(如一汽马自达车型)。

因为许多车将内视镜粘贴在前风窗玻璃上,所以将其与风窗玻璃归在一起。内视镜多为二次碰撞致损,破损后一般以更换为主。

(9)刮水系统,包括刮水片、刮水臂、喷水壶、刮水联动杆、刮水电动机、喷水管等。刮水系统中刮水片、刮水臂、刮水电动机因撞击损坏的,

图5-17 前风窗玻璃

主要以更换修复为主。

刮水固定支架、联动杆中度以下的变形损伤以整形修复为主,严重变形一般需更换。

一般刮水喷水壶只在较严重的碰撞中才会损坏,损坏后以更换为主。

刮水喷水电动机、喷水管和喷水嘴因撞坏的情况较少出现,若撞坏以更换为主。

(10) A柱及饰件、前围、暖风系统、集雨栅等。A柱因碰撞产生的损伤多以整形修复为主,由于A柱为结构钢,当产生折弯变形时,以更换外片为主要修复方式。

A柱有上下内饰板,破损后一般以更换为主。

前围多为结构件,整修与更换按结构件的整修与更换原则执行,A柱内饰板因撞击破损的,以更换修复为主。

前围上板上安装有暖风系统。较严重的碰撞常会造成暖风机壳体、进气罩的破碎,以更换为主。暖风散热器、鼓风机一般在碰撞中不会损坏。

集雨栅为塑料件,通常价格较低,因撞击常造成破损,以更换为主。

(11) 车门及饰件(前门及后视镜、后门及饰件等)。门防擦饰条碰撞变形应更换,由于门变形需将门防擦饰条拆下整形,多数防擦饰条为自干胶式,拆下后重新粘贴上不牢固,用其他胶粘影响美观,应考虑更换,如图5-18所示。

门框产生塑性变形后,一般不好整修,应考虑更换。门下部的修理同发动机盖。

门锁及锁芯在严重撞击后会产生损坏,一般以更换为主。

后视镜镜体破损以更换为主,对于镜片破损,有些高档轿车的镜片可单独供应,可以通过更换镜片修复。

图5-18 车门饰条

玻璃升降机是碰撞经常损坏的部件,玻璃导轨、玻璃托架也是经常损坏的部件,碰撞变形后一般都要更换,但玻璃导轨、玻璃托架常在评估中被遗漏。

车门内饰修理同A柱内饰。

后门与前门结构和修理方法基本相同。

(12) 前座椅及附件、安全带,如图5-19、图5-20所示。座椅及附件因撞击造成的损伤常为骨架、导轨变形和棘轮、齿轮根切现象。骨架、导轨变形常可以矫正,棘轮、齿轮根切通常必须更换棘轮、齿轮机构,许多车型因购买不到棘轮、齿轮机构常会更换座椅总成。

现今我国已强制使用被动安全带,绝大多数中低档车为主动安全带,大多数安全带在中度以下碰撞后还能使用,但必须严格检验,前部严重碰撞的安全带,收紧器处会变形,从安全角度考虑,建议更换。中高档轿车上安装有安全带自动收紧装置,收紧器上拉力传感器感应到严重的正面撞击后,电控自动收紧装置会点火,引爆收紧装置,从而达到快速收紧安全带的作用。但安全带自动收紧装置工作后必须更换。

(13) 侧车身、B柱及饰件、门槛及饰件等。有的汽车车身侧面设计成一个整块,如富康车。但桑塔纳普通型车没有这样的设计。

B 柱的整修与更换同 A 柱。

车身侧面内饰的破损以更换为主。

一般的碰撞边梁的变形以整形修复为主，边梁保护膜是评估中经常遗漏的项目，只要边梁需要整形，就要更换边梁保护膜。门槛饰条破损后一般以更换为主。

　　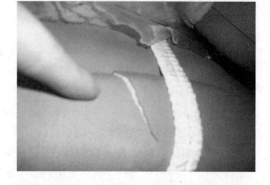

图 5-19　座椅骨架损坏　　　　　　　　图 5-20　前座椅损坏

（14）车身地板。车身地板因撞击常造成变形，常以整修方式修复。对于整修无法修复的车身地板，在现有的国内修理能力下，应该考虑更换车身总成。

（15）车顶及内外饰件，包括落水槽及饰条、车顶（指外金属件）、顶棚（指内饰）、天窗等。车顶的凹陷变形基本上来自下面几个原因：

①汽车发生正面碰撞，其碰撞力通过前纵梁、前立柱促使车顶前部、侧中部轻度弯折凹陷变形。

②汽车发生后部碰撞，碰撞力通过后翼子板板促使车顶后部或侧中部轻度弯折凹陷变形。

③汽车发生中部碰撞，碰撞力通过前柱、中柱、后翼子板促使车顶中部弯折凹陷变形。

④车顶与物体发生直接碰撞，容易使车顶发生严重变形或破裂。

⑤汽车发生倾覆，会使车顶发生严重的凹陷变形，甚至破裂。车顶的轻度变形或局部凹陷，通过简单的整形就能恢复到原来的形状，不会影响相关的附件，工时费用较低。如变形面积大，局部破裂，遇到这种情况，整修工艺就比较复杂。车顶的重度变形、破裂一般都采用修复整形的方法进行处理。在整形修复时，多采取将轿顶蒙皮剥离，修复后再重新焊接的方法。

车顶的修复同发动机盖，只要能修复，原则上不予更换。内饰同车门内饰。落水槽饰条为铝合金外表做漆，损伤后一般应予更换。

（16）后风窗玻璃及附件（后风窗玻璃、后风窗玻璃饰条等）。后风窗玻璃及附件的结构同前风窗玻璃。两者的区别在于，前风窗玻璃为夹胶玻璃，后风窗玻璃为带加热除霜的钢化玻璃。修理方法同前风窗玻璃。

（17）后翼子板及饰件（后三角窗、后悬架座等）。后翼子板与前翼子板不同，后翼子板为结构件，按结构件方法处理。

行李舱落水槽板、三角窗内板、挡泥板外板及挡泥内板一般不予更换。

后三角窗按风窗玻璃方法处理。

后悬架座按结构件方法处理。

（18）后搁板及饰件，包括后搁板（二三箱上隔板）及饰件、高位制动灯等。后搁板因碰撞基本上都能整形修复，此处如果达到不能整形修复的情况，一般要求车身达到更换的程度。

后搁板面板用毛毡制成，一般不用更换。后墙盖板也很少破损，如果损坏以更换为主。

现代汽车都安装高位制动灯，高位制动灯按前照灯方法处理。

（19）后部地板、后纵梁及附件。后纵梁按前纵梁方法处理，其他同车身底板处理方法相似。备胎盖在严重的追尾碰撞中会破损，以更换为主。

（20）行李舱盖及附件。按发动机盖及附件方法处理。

行李舱工具盒在碰撞中时常破损，评估时注意不要遗漏。后轮罩内饰、左侧内饰板、右侧内饰板碰撞一般不会损坏。

（21）后围及铭牌。后围的碰撞有以下原因造成：

①开车人在倒车时未发现后面的障碍，盲目倒车，致使后围遭受碰撞造成损坏变形。

②其他车辆的追尾碰撞造成后围的凹变。后围按发动机盖方法处理。

铭牌损伤后以更换为主。

（22）后保险杠及附件。按前保险杠方法处理。

对于汽车标准配置以外的新增设备应单独注明。如果作为保险标的进行评估，对于未投保新增设备损失附加险的汽车，评估中应予以剔除。

2. 事故汽车发动机与底盘的定损

（1）发动机附件，包括凸轮轴传动机构及附件、油底壳及垫、发动机支架及胶垫、进气系统、排气系统等，如图 5-21 所示。发动机附件中凸轮轴传动机构及附件因撞击破损和变形，以更换修复为主。

油底壳轻度的变形一般无须修理，放油螺塞处碰伤及中度以上的变形，以更换为主。

发动机支架及胶垫因撞击变形、破损，以更换修复为主。

进气系统因撞击破损和变形，以更换修复为主。

图 5-21　发动机总成及附件

排气系统中最常见的撞击损伤为发动机移位造成的排气管变形，由于排气管长期在高温下工作，氧化现象较严重，通常无法整修。消声器吊耳因变形超过弹性极限破损，也是常见的损坏现象，以更换的方法修复。

（2）前悬架系统及相关部件，如图 5-22 所示。前悬架系统及相关部件主要包括悬架臂、转向节、减振器、稳定杆、发动机托架、制动盘等。

前悬架系统及相关部件中制动盘、悬架臂、转向节、稳定杆、发动机托架均为安全部件，发现有撞出变形均应更换。

对于减振器，主要鉴定其是否在碰撞前已损坏。减振器是易损件，正常使用到一定程度后会漏油,如果减振器外表已有油迹,说明在碰撞前已损坏。如果外表无油迹,碰撞造成弯曲变形,应更换。

(3)转向操纵系统,包括转向盘、转向传动杆、转向机、横拉杆、转向助力泵等,如图5-23所示。操纵系统中转向操纵系统与制动系统遭撞击损伤后,从安全的角度出发多以更换修复。

图 5-22　前悬架系统

图 5-23　转向操纵系统

安装有安全气囊系统的汽车,驾驶人气囊都安装在转向盘上,当气囊因碰撞引爆后,不仅要更换气囊,通常还要更换气囊传感器与控制模块等。

变速操纵系统遭撞击变形后,轻度的常以整修修复为主,中度以上的以更换修复为主。

(4)制动系,如图5-24所示。对于普通制动系统,在碰撞事故中,由于撞击力的波及和诱发作用,往往会造成车轮制动器的元器件及制动管路损坏。这些元器件的损伤程度需要进一步的拆解检验。

对于装用ABS系统的制动系,在进行车辆损失鉴定时,应对有些元件进行性能检验,如ABS轮速传感器、ABS制动压力调节器。管路及连接部分的损伤可以直观检查。

(5)车轮,如图5-25所示。车轮由轮辋、轮胎、轮罩等组成。

轮辋遭撞击后以变形损伤为主,多以更换的方式修复;轮胎遭撞击后会出现爆胎现象,以更换方式修复;轮罩遭撞击后常会产生破损现象,以更换方式修复。

图 5-24　制动系

图 5-25　受损车轮

(6)变速器及离合器,如图5-26、图5-27所示。当车辆发生严重碰撞事故时,由于波及和诱发等原因,会造成变速器及离合器的操纵机构受损,变速器支撑部位壳体损坏,飞轮壳断裂损坏。这些损伤程度的鉴定,需要将发动机拆下进行检查鉴定。

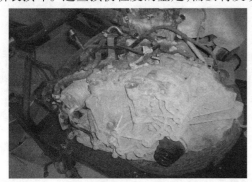

图 5-26 变速器总成

图 5-27 变速器损坏部位

(7) 传动轴及附件,如图 5-28 所示。中低档轿车多为前轮驱动,碰撞常会造成外侧等角速万向节(俗称外球笼)破损,常以更换的方法修复,有时还会造成半轴弯曲变形,也以更换的方法修复为主。

(8) 后桥及后悬架。后悬架按前悬架方法处理。后桥按副梁方法处理。

3. 事故汽车电器设备与空调系统的定损

(1) 发电机及蓄电池。发电机最常见的撞击损伤为传动带轮、散热叶轮变形,壳体破损,转子轴弯曲变形等。传动带轮变形以更换方法修复。

图 5-28 受损半轴

散热叶轮变形以矫正修复为主。壳体破损、转子轴弯曲变形以更换发电机总成修复为主。

汽车用蓄电池的损坏多以壳体四个侧面破裂为主。汽车蓄电池多为铅酸蓄电池,由 6 格(汽油车)或 12 格(柴油车)组成。碰撞会造成 1 格或多格破裂,电液外流。一时查看不到破裂处,可通过打开加液盖观察电液量来判断。如果只是 1 格或几格严重缺液,多为蓄电池破裂;如果每格都缺液,多为充电电流过大所致,而不是破裂。

(2) 起动机。起动机安装在发动机后侧飞轮壳上,一般事故不会使其受损,只有当车辆严重碰撞造成飞轮壳受损或起动机本身遭直接撞击时,才可能使起动机部分零件造成以下损坏:

①驱动机构的驱动齿轮变形、牙齿断裂,更换驱动齿轮。

②后端盖因碰撞断裂,应更换。

③电枢轴弯曲,可进行矫正处理。

④起动开关变形损坏。可根据损坏程度确定是否需要更换总成,电磁式起动机开关若碰撞凹陷,可导致内部线圈短路,一般应更换开关总成。

⑤推动离合机构的传动叉因碰撞变形,可拆下矫正,但矫正后应摆动灵活,工作可靠。

(3) 照明装置。照明装置(灯具)在碰撞中极易损坏。

保险杠灯多为转向信号灯和雾灯,表面破损后多采用更换修复。对于价格较高的雾灯,且损坏为少数支撑部位的,常用焊接和黏结修理的方法修复。

前照灯及角灯由前照灯、前角灯等组成,如图5-29所示。

现代汽车灯具表面多为聚碳酸酯(PC)或玻璃制成,支撑部位常用丙烯腈-丁二烯-苯乙烯共聚物(ABS)制成。最常见的损坏为调节螺钉损坏,只需更换调节螺钉,重新校光即可。ABS塑料属热塑性塑料,可用塑料焊焊接。表面用玻璃制成的,如果破损,且有玻璃灯片供应可考虑更换玻璃灯片。对于价格较昂贵的前照灯,并且只是支撑部位局部破损的,可采用塑料焊焊接的方法修复。

尾灯按前照灯方法处理。

(4)仪表台及中央操纵饰件,如图5-30所示。仪表台因正面的严重撞击,或侧面撞击常造成整体变形、皱折和固定饰件破损。整体变形在弹性限度内,待骨架矫正好后重新装回即可。皱折影响美观,对美观要求较高的新车或高级车,主张更换。因仪表台价格一般较贵,老旧车更换意义不大,少数固定饰件破损常以焊修修复为主,多数固定饰件破损以更换修复为主。

 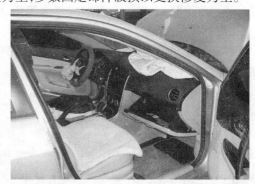

图5-29　受损的前大灯　　　　　　　　图5-30　撞击后的仪表台总成

左右出风口常在侧面撞击时破碎,右出风口也常因二次碰撞被副驾驶人右手支撑时压坏。

左右饰框常在侧面碰撞时破损,严重的正面碰撞也会造成饰框断裂,均以更换为主。杂物箱常因二次碰撞被副驾驶人膝盖撞破裂,一般以更换为主。

(5)冷凝器及制冷系统,如图5-31、图5-32所示。空调系统由压缩机、冷凝器、干燥瓶、膨胀阀、蒸发箱、管道及电控元件等组成。

图5-31　受损的冷凝器及管子　　　　　图5-32　受损的制冷系统管路

现代汽车空调冷凝器均采用铝合金制成,中低档车的冷凝器一般价格较低,中度以上的损伤一般采用更换的方法处理;高档轿车的冷凝器一般价格较贵,中度以下的损伤常可采用氩弧焊进行修复。应注意的是,冷凝器因碰撞变形后虽然未漏制冷剂,但拆下后重新安装时不一定就不漏制冷剂。

储液罐(干燥器)因碰撞变形一般以更换为主。如果系统在碰撞中以开口状态暴露于潮湿的空气中时间较长(具体时间由空气湿度决定),则应更换干燥器,否则会造成空调系统工作时"冰堵"。

压缩机因碰撞常见的损伤有壳体破裂、带轮、离合器变形等。壳体破裂一般采用更换的方法修复。带轮变形、离合器变形一般采用更换带轮、离合器的方法修复。

汽车的空调管有多根,损伤的空调管一定要注明是哪一根,常用"×××—×××"加以说明。

汽车空调管有铝管和胶管两种,铝管因碰撞常见的损伤有变形、折弯、断裂等。变形一般采取矫正的方法修复;价格较低的空调管折弯、断裂一般采取更换的方法修复;价格较高的空调管折弯、断裂一般采取截去折弯、断裂处,再接一节用亚弧焊接的方法修复。胶管的破损一般采用更换的方法修复。

汽车空调蒸发箱通常包括蒸发箱壳体、蒸发器和膨胀阀等,最常见的损伤多为蒸发箱壳体破损。蒸发箱壳体大多用热塑性塑料制成,局部的破损可用塑料焊焊接修复,严重的破损一般需更换,决定更换时一定要考虑有无壳体单独更换。蒸发器的换与修基本同冷凝器。膨胀阀因碰撞损坏的可能性极小。

空调系统中的压缩机是由发动机通过一个电动离合器驱动的。在离合器接通和断开的过程中,由于磁场的产生和消失,产生了一个脉冲电压。这个脉冲电压会损坏车上精密的电脑模块。为了防止出现这种情况,在空调电路中接入一个分流二极管,这个二极管阻止电流沿有害的方向流过。当空调系统发生故障时,分流二极管有可能被击穿。如果不将被击穿的二极管换掉,可能会造成空调离合器不触发,甚至损坏电脑模块。

七、事故汽车维修费用的评估

1. 判断零部件更换维修的技术标准

《机动车运行安全技术条件》(GB 7258—2012)规定了机动车辆(含挂车)的整车及其发动机、转向系统、传动系统、行驶系统、照明和信号装置等有关运行安全的技术要求。事故车辆由于碰撞、翻车等导致转向、制动等部件的机件受损,修复后的转向、制动系统的机件必须达到《机动车运行安全技术条件》(GB 7258—2012)的要求。

(1)更换项目的确定原则与方法。一般地,需要更换的零部件归纳为以下四种:

①无法修复的零部件。如灯具的严重损毁、玻璃的破碎等。

②工艺上不可修复使用的零部件。工艺上不可修复使用的零部件主要有胶贴的各种饰条,如胶贴的风窗玻璃饰条、胶贴的门饰条、翼子板饰条等。这往往在保险汽车损失评估中产生争议。

③安全上不允许修理的零部件。安全上不可修复使用的零部件是指那些对汽车安全起重要作用的零部件。如行驶系中的车桥、悬架,转向系中的所有零部件,如方向横拉杆的弯

曲变形等,以及制动系中的所有零部件。这些零部件在受到明显的机械性损伤后,从安全的角度出发,基本上都不允许再使用。

④无修复价值的零件。无修复价值的零部件是指从经济上讲无修复价值,即那些修复价值接近或超过零部件原价值的零部件。

(2)拆装项目的确定原则与方法。有些零部件或总成并没有损伤,但是更换、修复、检验其他部件需要拆下该零部件或总成后重新装回。

拆装项目的确定要求汽车评估人员对被评估汽车的结构非常清楚,对汽车修理工艺了如指掌。在对被评估汽车拆装项目的确定有疑问时,可查阅相关的维修手册和零部件目录。

(3)修理项目的确定原则与方法。在现行的汽车损失评估(各地的价格认证中心)以及绝大多数机动车保险条款中,受损汽车在零部件的修理方式上仍以修复为主。所以,在工艺上、安全上允许的且具有修复价值的零部件应尽量修复。

(4)待查项目的确定原则与方法。在事故汽车保险定损工作中,经常会遇到一些零件,用肉眼和经验一时无法判断其是否受损、是否达到需要更换的程度,甚至在车辆未修复前,就单独某零件用仪器都无法检测(除制造厂外)。例如转向节、悬架臂、副梁等,这些零件在定损工作中时常被列为"待查项目"。

①认真检验车辆上可能受损的零部件,尽量减少"待查项目"。例如,汽车发电机在受碰撞后经常会造成散热叶轮、传动带轮变形,散热叶轮、传动带轮变形后在旋转时,很容易产生发电机轴弯的错觉。轴到底弯没弯,径向跳动量是多少,只要做一个小小的试验即可。用一根细金属丝,一端固定在发电机机身上,另一端弯曲后指向发电机前端轴心,旋转发电机,注意观察金属丝一端与轴心的间隙变化,即发电机轴的径向跳动量,轴的弯曲程度便一目了然。用这种方法,可以解决空调压缩机、方向助力泵、水泵等类似问题。

②在确定需要待查的零件上做上记号,拍照备查,并告之保险公司。

③车辆初步修理后,会同保险公司的理赔定损人员共同参与对"待查项目"进行检验、调试、确认的全过程。例如,转向节待查,汽车初步的车身修理后,安装上悬架等零部件后做四轮定位检验。四轮定位检验不合格,并且超过调整极限,提出要求更换转向节,则保险公司的理赔定损人员应同意更换转向节。

2. 维修费用的确定

(1)车辆维修费用的组成。

①工时费。工时费 = 工时费率 × 工时定额。工时费率即维修工作中每工时所需的费用价格,一般根据维修作业项目作业和工种的不同而有所差异。

②材料费。材料费是维修工作中所需要更换的零件费用和使用的材料费用,如涂料及其配套固化剂、稀释剂及需要添加的运行材料等的费用。

③外协加工费。外协加工费是维修过程中因厂家条件所限或某些必须专项修理的项目(也包含为降低修理成本而需要的专项修理),需要外协加工和专项修理的实际费用。

④税费。税费应按照国家规定执行。

(2)工时费的确定。汽车修理工时包括更换、拆装、修理项目工时和辅助作业工时。工时费的确定是根据损失项目的确定而确定的,可以从评估基准地的《汽车维修行业工时定额和收费标准》中查到相应的工时数量或工时费标准。

①更换、拆装、修理项目工时费。汽车修理中更换项目与拆装项目的工时绝大多数是相似的,有时甚至是相同的。所以,通常将更换与拆装作为同类型处理。

汽车碰撞损失的更换、拆装项目工时的确定可以从评估基准地的《汽车维修行业工时定额和收费标准》中查找,然而在我国绝大多数地区没有相应的工时定额与收费标准,通常根据当地的工时单价计算相应的工时费。

②辅助工时费。

(3)汽车油漆涂装费用的确定。按喷、烤漆工时定额和收费标准,其费用为:工时费+喷、烤漆材料费。

汽车修理涂漆收费标准全国各地不尽相同,有以每平方米多少元计算的,有以每幅多少元计算的,但是基本上都是按面积乘以漆种单价作为计价基础。

①面积的计算方法。根据全国大多数地区的业内计价方法,得出这样一个计算方式,以每平方米计价单位(不足 $1m^2$ 按 $1m^2$ 计价),第 $2m^2$ 按 $0.9m^2$ 计算,第 $3m^2$ 按 $0.8m^2$ 计算,第 $4m^2$ 按 $0.7m^2$ 计算,第 $5m^2$ 按 $0.6m^2$ 计算,第 $6m^2$ 以后,每平方米按 $0.5m^2$ 计算。

②漆种单价。

a. 确定漆种。根据汽车修复中使用的面漆的价格差异,可以将汽车面漆分为四类:

a)硝基喷漆;

b)单涂层烤漆(常为色漆);

c)双涂层烤漆(常为银粉漆或珠光漆);

d)变色烤漆。

现场用醮有硝基漆稀释剂(香蕉水)的白布摩擦漆膜,观察漆膜的溶解程度,如果漆膜溶解,并在白布上留下印迹,则是喷漆,反之为瓷漆。如果是瓷漆,再用砂纸在损伤部位的漆面上轻轻打磨几下,鉴别是否漆了透明漆层,如果砂纸磨出白灰,就是透明漆层,如果砂纸磨出颜色,就是单级有色漆层,最后借光线的变化,用肉眼看一看颜色有无变化,如果有变化为变色漆。通过上述方法,可以对汽车面漆加以区分。

b. 确定漆种的单价。市场上所能购买的面漆大多为进口和合资品牌,世界主要汽车面漆的生产厂家,如美国的杜邦和PPG、英国的ICI、荷兰的新劲等,每升单价都不一样,估价时常采用市场公众都能够接受的价格。

(4)材料价格。在汽配市场中,同一种零配件有多种价格,如何采价也是困扰机动车辆保险评估业的一大难题。在事故汽车保险定损中,应当结合当地配件市场价格、维修企业价格和保险公司核价三方协商定价。

(5)车辆损失残值。在保险车辆损失评估时,经常要确定更换件的残值。当处理损失较大的事故,更换件也较多,残值的确定通常有以下几步:

①列出更换项目清单。

②将更换的旧件分类。

③估定各类旧件的质量。

④根据旧材料价格行情确定残值。

至此,可以确定事故汽车保险定损金额,即

$$定损金额=(总工时费+总材料费)-残值$$

八、事故汽车损伤修复质量检验及申诉、仲裁

1. 事故汽车损伤修复质量的检验

（1）汽车维修质量检查评定标准。汽车修理质量的检查评定技术要求可按国家关于汽车修理质量检查评定标准进行，即《汽车修理质量检查评定方法》（GB/T 15746—2011）。

（2）质量检验的基本内容。

①事故汽车进厂检验单。

②事故汽车维修工艺过程。

③事故汽车维修竣工检验单。

④事故汽车维修合格记录。

2. 事故汽车保险定损复议、申诉及仲裁

目前，随着我国汽车保有量的不断增加，保险车辆发生道路交通事故在所难免。发生道路交通事故后，道路交通事故车、物损失价格鉴定，原则上在事故发生后 7 日内作出鉴定结论。如情况特殊，经批准可延长 7 日。

如果当事人对经确认后的鉴定结论不服或有异议的，可以在接到"道路交通事故车、物损失价格鉴定书"后 5 日内，向交警支队交宣处事故科申请重新鉴定，并在 10 日内作出重新鉴定结论。道路交通事故车物损失价格鉴定结论经公安交通管理部门确认后生效。

但是因各有关方面的利益、立场不同，会发生一些争议。修理价格过高，对保险人来说是损失。一般而言，不同的修理厂对同一损失的鉴定结论和修理费用也会有差异。因此，选定一个专业的中立的权威鉴定机构是解决这类纠纷的关键。

目前有三种途径可供选择：

（1）近年来先后由保险监督管理委员会批准设立的专门从事保险标的估损、鉴定等的保险评估机构；

（2）由公安交通管理部门委托组建的道路交通事故物损评估中心；

（3）直接向当地法院提起诉讼。

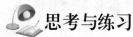

思考与练习

一、填空题

1. 汽车碰撞事故可分为_____和_____，其中单车事故又可细分为_____和_____与障碍物_____。
2. 关于损伤结构件的修复与更换有一个简单的判断原则，即"_____"。
3. 车辆维修费用的组成有：_____，_____，_____和_____。

二、简答题

1. 事故汽车保险定损与费用评估基本原则是什么？
2. 事故汽车保险定损的内容有哪些？
3. 事故汽车定损的费用有哪些组成？

综合训练

案例实践题

2015年5月5日,王某将驾驶的单位交通车停放在路边后就回家了,第二天早上发现该车尾部被撞,无法找到三者车。该车损失比较严重。该车在中国人保财险公司投保了车损险及不计免赔险。请按照图5-33所示,分析事故原因,结合当地维修标准编写定损单,理算出本车向保险公司的索赔金额是多少?(忽略折旧和残值)

图5-33 标的车(受损车)

拓展学习

水淹车的保险查勘及定损。

一、现场查勘

(1)定损员接到报案后第一时间告知客户车辆熄火不要启动,无法去现场的案件告知客户进行拖车施救。

(2)确定是否属于保险责任。确定造成"水淹车"的原因是什么,如是暴雨、洪水,必要情况下需要提供相关证明(气象部门或新闻媒体等)。对于处于地下停车库、低洼地带、排水不畅路段的车辆,应迅速拖离现场,避免由于水位升高、积水倒灌造成损失扩大,但是有物业管理的地区必须向客户申明,物业有义务承担赔偿责任,保险公司有权向物业追偿。

(3)确实无法去现场的案件,告知客户到修理厂后必须让保险公司工作人员能够查勘车辆"水淹"后的第一状态,第一时间查勘车辆损失情况,防范道德风险的发生。

(4)对于受损车辆已经到修理厂的,先拍摄整车的水浸高度,再拍摄驾驶室内的水浸高度(会有水浸痕迹),用标尺对水淹高度进行测量,根据以往的经验估计出水浸高度以下可能损坏的电气部件,以免修理厂到时乱报配件。

(5)没有交警处理的案件,必须做好调查笔录,请客户详细描写车辆的出险及救援经过,确认保险责任及除外责任。

(6)查勘事故车辆的重点内容:①确定水淹高度;②确定水淹时间;③确定水质情况。

(7)大部分水淹车都需要施救,不恰当的施救方法会造成保险车辆的扩大损失。所以,正确的施救方法至关重要,查勘员要在第一时间内告知客户相关的注意事项,因为大部分客户在出险后往往只想尽快地将车辆施救出来,而忽略了不恰当地施救会造成不必要的损失。不要盲目启动,应切断电源、排除积水。对于自动挡的车辆施救更应该注意,一旦变速器进水,被施救后平拖到修理地点,可能会造成变速器内部的损坏,建议使用背车或架起驱动轮拖车。

二、拆检定损原则

(1)水淹车的处理关键在于及时四快:快速清洗、快速拆检、快速定损、快速烘干修理。

(2)定损受损车辆的原则:先高档车后普通车,先轿车后货车,先严重泡损后轻微受损,先电脑控制模块、线路、电器后其他部位,先清洗烘干后检测维修,先定内部损失后定外观损失。

(3)水淹之后的车拖到修理地点要马上进行处理,一定不能拖时间,否则会造成保险车辆的扩大损失。可以要求修理厂分成几组同时对该车进行处理。

(4)对事故车辆进行维修、清理的顺序原则:先电器控制系统、电器设备后其他部分;先内饰、座椅部分后外观部分;先泡损时间久的部分后其他部分。

三、处理方式

(1)外观部件和悬挂部件:清水清洗,特别要注意悬挂连接位置的泥沙和污物,有的话,则要清洗,重新润滑。轴承方面很容易生锈的部位,建议修理厂、优先处理,对所有的轴承进行必要的保养处理。

(2)电气部件:线路比较粗的,擦干净烘干即可。有电路板的,如仪表,一定要及时分解,用酒精清洗,然后晾干或用风扇吹干,防止印刷电路发生腐蚀。经此处理,电气有很多是没有问题的。而电脑板是不能用酒精擦拭的(因为含水),必须用无水乙醇来擦拭,否则板子上的元件可能会生锈,影响使用。

(3)拆检后发现电脑板有氧化、生锈、发霉等现象的,可以马上告知该件可以更换,并贴好标签立即回收(谨防道德风险)。

(4)电脑板上没有上述痕迹,但可能或已经淹到的,也要贴标签,等待清洗完毕后装车试车时再确定,并注意拍摄零件号码,以确定是否是原厂配置件,方便核价员询价时使用。

(5)在烘干电气元件的情况下打开点火开关,观察仪表上显示的故障情况,以此来判断哪些电脑或传感器损坏。

(6)内饰件:要及时清洗,然后风干。最好放到烤房里面风干,太阳直接照射的话会导致一些老化的皮质颜色变淡。

(7)变速器:变速器进水的话,建议到专业的变速器修理点或维修站清洗,如果因为水分清洗不干净而试车的话,一般会造成变速器内部的烧蚀,这部分损失费用保险公司是不承担的(定损单上一定要写清楚,防止后期被动)。

(8)灯具:要注意是否因灯具本身质量问题造成损坏,有一些灯具进水的话,及时烘干处理后是可以使用的。对于价值较高的电气原件,要注意收回,避免道德风险。

(9)检查发动机、波箱部分,确定是否进水的方法:

①先打开空气滤清器壳查看滤芯是否进水,如果有,则拍滤芯及空气格底座内的水渍。

②查看机油尺及波箱油尺是否有水珠,如果有,说明确实进水;如果看不出,则可以放出一些机油查看颜色(因水比油重,如果进水,则从放油孔放出的一定是水)。

③放出波箱油查看,看是何种颜色。如果是红色,说明没事;如果是黑色,说明由磨损造成,不属于保险责任;如果是白色,说明进水了,如果滤芯进了水,表明水已进入了燃烧室,这种情况下可以给机油费用,如波箱油里面有油水混合液可以给波箱油费用(水通常都是从通气孔进入的)。

(10)损件处理:更换的电气、灯具、电动座椅、音响等元件的案件,必须在第一次看车时就贴好标签,定损完毕后回收登记。

注意:一定要及时详细列明定损内容(包括各种部件的清洗),并让客户、保险公司和修理厂签字确认。

四、沟通

(1)与客户的沟通。对于除外责任的损失要注意耐心细致地解释,由客户自己负责;对于可以恢复正常使用的部件不予更换时,要作出必要解释。

(2)修理厂的沟通。与修理厂做好协调,及时处理,避免损失的扩大。

五、常见费用统计

从汽车养护技术的角度来看,正确看待和处理被水浸泡的车辆,将使用车成本不会轻易上升。有三十多年汽车维修经验的养护专家强调,车辆被水浸泡后不等同即将面临报废,其实,它所损坏并报废的部分,主要有以下方面(以30万元以下车辆为例):

电池因短路可能报废(300~600元);

电动机、发电机进水可能报废(每个600~1 500元);

刮水器电动机、门玻璃升降电动机、天窗电动机进水可能报废(每个100~500元);

碳罐进水后报废(300~800元);

部分仪表、音响等进水后可能报废(3 000~10 000元)。

进水后可以修复的部分如下。

发动机:所谓发动机进水,主要指的是发动机缸体进水,在进水后,可以通过拆洗修复(1 000~3 000元,如当时启动过,需中修或大修,费用为5 000~7 000元)。

曲轴箱:进水后,可以通过清洗曲轴箱和更换机油修复(1 000~1 500元)。

变速器:进水后,可以通过清洗变速箱和更换机油修复(1 000~1 500元)。

制动系统:进水后,可以通过更换制动液修复(300~500元)。

转向助力系统:进水后,可以通过更换转向液修复(300~500元)。

油箱:进水后,可以通过清洗油箱进行修复(300~500元)。

车厢外露的部分金属:如制动碟等会生锈,通过除锈后修复;车厢内部(如 A、B、C、D 柱内部、车门内部发动机盖内部、尾箱内部等部位)浸水生锈,可以通过空腔注蜡的方式除锈和防锈(全车空腔注蜡600~1 000元)。

部分电气、电线、灯光接线位:这些部位在浸水后,可通过烘干、测量后修复(全车1 000~1 500元)。

装饰部件:浸水后通过清洗、烘干和上蜡后修复(全车800~1 500元)。

学习单元 6　　汽车保险综合案例

学习目标

通过本单元的学习,应能:
1. 对汽车保险法律法规案例进行分析;
2. 对交通事故责任强制保险案例进行分析;
3. 对商业险案例进行分析;
4. 对赔款理算案例进行计算。

学习时间

10学时。

一、汽车保险法律法规案例

【案例一】

王某到某市保险公司投保一辆普通桑塔纳轿车,称是家庭生活自用车,单保交强险、商业第三者责任险和车上人员责任险。保险公司按家庭自备车收取商业第三者责任险(限额10万元)保费1 040元,车上人员责任险(限额每座1万元)保费120元,交强险保费950元。

保险期间内,该车与一辆夏利车相撞,造成对方车辆损失2 000元,王某车辆翻入路基下,造成车内一人重伤。保险公司理赔人员查勘现场核实:车内伤者为乘出租车之人。人员伤残总费用5万元。经交管部门认定:王某在夜晚雨天车速过快,违反《中华人民共和国道路交通安全法实施条例》规定,应负全部责任。

事故处理结束后,王某向承保保险公司提出索赔。对照《机动车辆保险条款》,该起事故属碰撞责任,在交强险、商业第三者责任险和车上人员责任险赔偿范围内。但是,理赔人员发现该车按家庭生活自用车非营业车投的保,而在查勘现场时,询问车上伤者为乘出租车之人,并出示了相关证据。经调查后核实该车纯属跑"黑车"的私人出租车,属于营业车,应收该车商业第三者责任险(限额10万元)保费1 560元,故投保人实际缴费不足。

评析:此案如何赔付,除交强险该赔付部分外,对剩余金额赔付有两种意见。

第一种是按比例赔付。理由为:尽管因投保人自称是家庭生活用车导致保险公司少收保费,但毕竟上了保险,保险合同成立,保险公司应该承担风险。因此,根据保险条款规定,应按实缴保费与应缴保费的比例赔付。

第二种是拒赔。理由为：《保险法》第十六条明确规定："订立保险合同，保险人就保险标的或者被保险人的有关情况提出询问的，投保人应当如实告知"。而此案"订立保险合同时，投保人故意不履行如实告知义务的，保险人对于保险合同解除前发生的保险事故，不承担赔偿或给付保险金的责任，并不退还保险费。"

所以，依据投保人王某属于故意隐瞒桑塔纳营业的性质，保险公司按第二种意见拒赔是合理的。

【案例二】

田某花 12.3 万元从北京市旧机动车交易市场购买了一辆奥迪牌汽车，并向某保险公司投保了交强险、车辆损失险、商业第三者责任险、全车盗抢险、不计免赔特约条款等。投保时，田某选择按奥迪车的新车购置价 32 万元作为保险金额，缴纳保险费 5 488 元。

保险期间内某日该车发生火灾，全部被毁。事故发生后，田某向保险公司提出索赔，经过现场勘察，保险公司只同意按照奥迪车的实际价值 12.3 万元承担责任。理由是：依据《保险法》，保险金额不能超过保险价值，超过的部分无效，即使保险金额高于车辆实际价值，也只能以车辆的实际价值 12.3 万元理赔。但田某认为自己是按 32 万元投保和缴纳保险费的，保险公司理当赔付 32 万元。双方争执不下，于是田某将其保险公司告上法庭。经过审理，法院判决：保险公司按车辆的实际价值即新车购置价扣减折旧金额后承担责任，赔付 22 万元。

评析：本案中的关键问题在于：本案的判决结果是否违背了损失补偿原则？

根据损失补偿原则，保险事故发生后，被保险人有权获得补偿，但保险人的补偿数额以使标的物恢复到事故发生前的状态为限。本案中田某购买车辆时仅花费了 12.3 万元，但其却得到 22 万的赔偿，是否获得了额外利益？

需要注意的是，本案中保险条款规定："按投保时车辆的新车购置价确定保险金额的，发生全部损失时，在保险金额内计算赔偿；保险金额高于保险事故发生时保险车辆实际价值的，按保险事故发生时保险车辆的实际价值计算赔偿。"而在保险金额如何确定一部分，规定："保险金额可以按投保时保险车辆的实际价值确定。本保险合同中的实际价值是指同类型车辆新车购置价减去折旧金额后的价格。"

理论上讲，出现在一份保险合同中的术语应作相同的解释，因此可以认为在发生全部损失时，"按保险事故发生时保险车辆的实际价值计算赔偿"中的实际价值也是指新车购置价减去折旧金额后的价格。根据合同自由原则，依照当事人双方的自由意愿订立的保险合同对当事人具有法律约束力，当事人必须严格遵守，按照约定履行自己的义务；依法成立的合同受法律保护。

本案中，保险公司在制定保险条款、订立保险合同时自愿选择按照出险时的实际价值，即新车购置价扣减折旧后的金额赔付，虽与损失赔偿原则不符，但也应按此条款理赔。

【案例三】

某保险公司与单某签订保险合同一份，保险单上主要约定，由保险公司对单某的轿车进行承保，承保险种为交强险、家用汽车损失保险、第三者责任险、全车盗抢险、不计免赔特约险（三者），并约定家用汽车损失保险绝对免赔率为 0。保险期间内某日，单某投保的上述小轿车在途中碰到了横行于路中的一条沟坎，汽车受到振动后，气囊弹出，同时导致仪表盘、

CD机等部件损坏。单某当场向保险公司报了案并报110,后由市某派出所出警至现场处理。之后由某汽车修理厂对单某的受损车辆进行了修理。保险公司对单某的车辆损失进行了定损,确认损失总额为人民币11 700元。之后,单某向保险公司要求理赔,该公司却以车辆行驶时因振动致使安全气囊弹出,事故不属于保险责任的理由予以拒赔。单某遂诉至法院要求判令保险公司支付保险金人民币11 700元。

评析: 原审法院审理后认为,本案的争议焦点是单某驾驶车辆途经沟坎时振动引起气囊弹出是否属于保险事故。保险公司认为,单某途经沟坎时的振动属于正常的车辆颠簸,气囊的弹出是因为单某所投保的车辆有质量问题,故不属于保险事故,保险公司不应负责赔偿,单某应向汽车生产厂家索赔。原审法院认为,是否属于保险事故,应取决于双方所签保险合同的具体约定。本案系争保险合同所包含的"家用车损失保险条款"第一条约定:在保险期间内,因保险汽车在行驶中发生碰撞、倾覆、平行坠落导致保险汽车损失,保险人负责赔偿。本案中单某投保车辆途经沟坎振动是汽车轮胎与沟坎壁之间的碰撞引起,故应属于保险合同约定的"碰撞"范畴内。即使此时引起气囊弹出的确是属于汽车质量问题,保险公司也只有在向单某支付保险金后,按照合同约定在赔偿金的范围内代为行使单某对汽车生产厂商请求赔偿的权利。况且保险公司也无证据证明引起气囊弹出属于汽车质量存在缺陷。综上,双方经协商后签订的保险合同合法有效,双方应按合同约定承担并履行各自的权利和义务。现单某投保的车辆发生了保险合同所约定的保险事故,造成了相应的损失,故保险公司理应按照保险合同的约定来支付保险赔偿金。保险公司经传票传唤无正当理由未到庭应诉,系其自愿放弃答辩、质证等诉讼权利之行为,应承担由此而引起的法律后果。据此,判决保险公司应于判决生效之日起十日内给付单某保险金人民币11 700元。如果未按判决指定的期间履行给付金钱义务,应当依照《民事诉讼法》第二百五十三条之规定,加倍支付迟延履行期间的债务利息。案件受理费由保险公司负担。

判决后,保险公司不服,提起上诉称:本案的关键在于气囊弹出的原因究竟是碰撞还是车辆自身故障。以基本常识判断,车辆正常行驶的颠簸根本不可能造成气囊弹出的后果。从维修清单来看,除了因气囊弹出所造成的损失外,投保车辆没有修理其他任何部位。由此可见,单某所称的颠簸或碰撞根本就在车辆正常行驶的范围内,绝不可能是造成气囊弹出的近因,无法构成保险合同约定的保险事故。根据《保险法》的有关规定,保险事故发生后,有关保险事故的性质、原因、损失程度等的举证责任在被保险人处。原审在单某未尽举证责任证明碰撞发生的情况下,要求由保险公司承担举证责任,不具有合理性。故请求撤销原审判决,依法改判驳回单某在原审中的诉讼请求。

被上诉人单某辩称:系争保险合同合法有效,双方当事人应当按照合同约定享有并承担各自的权利义务。单某驾驶投保车辆在途中,看到一条沟坎后紧急制动,车辆前冲,前车轮陷入沟中,碰撞沟坎壁导致气囊弹出。事故发生后,单某立即拨打110报警并向保险公司报案。110出警后,出具相关证明证实发生单车事故。因单某投保的车辆发生了保险合同约定的保险事故,保险公司理应按约向单某支付保险赔偿金。请求维持原审判决。

经审理查明,原审查明的事实属实,法院予以确认。

法院认为,双方当事人的争议焦点在于投保车辆的安全气囊弹出是否属于保险事故。对此,单某主张系因投保车辆途经沟坎时紧急制动后车辆前轮胎与沟坎壁发生碰撞导致气囊弹出。单某为此提供了派出所出具的证明、机动车维修结算清单。虽保险公司理赔人员到场时,车辆已被移动,但沟坎的存在是不争的事实。保险公司则认为无证据证明投保车辆气囊弹出系由碰撞引起,车辆正常行驶中气囊弹出应属于故障,但保险公司未能就此提供相应证据。从本案已查明的事实,结合双方当事人提供的证据显示,单某所提供的证据已能形成完整的证据链印证其主张,相对于保险公司,单某提供的证据具有证明优势,法院予以采信。鉴于此,对于保险公司提出的上诉理由,法院不予采纳。保险公司应按照保险合同的约定向单某支付相应的保险赔偿金。综上,原审所作判决并无不当,应予维持。据此,依照《民事诉讼法》第一百七十条第一款第(一)项之规定,判决如下:

驳回上诉,维持原判。

二审案件受理费由上诉人保险公司负担。

【案例四】

某厂与某保险公司签订了机动车保险合同,投保险种为交强险、车辆损失险、第三者责任险等。在保险期限内,该厂驾驶人驾驶所投保的车辆发生交通事故,在本次交通事故中该驾驶人负全部责任,赔偿被害人15.6万余元。该投保车辆核定载质量为10t,发生事故时,该车却载重至48t。主管部门依据《中华人民共和国道路交通安全法实施条例》作出交通事故责任认定书,认定驾驶人因违章超载制动失效,造成事故,负全部责任。事后,该厂依据机动车保险合同向保险公司索赔,保险公司拒赔。该厂诉至法院,要求保险公司承担赔偿责任。

一审法院认为,该厂与保险公司签订的机动车辆保险合同,为有效合同。保险车辆虽在保险期限内发生交通事故造成损失,但车辆装载不符合规定,该厂要求保险公司支付赔偿保险损失的理由不能成立,不予支持。根据我国《保险法》第五十二条之规定,判决驳回该厂要求保险公司赔偿保险损失的诉讼请求。该厂不服,上诉至二审法院。二审法院在审理过程中,双方和解,该厂撤回上诉。

评析: 这是一起保险合同纠纷案。该厂以投保单的形式提出了保险要求,经保险公司承保,双方并就保险的条款达成了协议,故双方之间保险合同关系成立。保险人是否应承担赔偿责任是本案的焦点。无论从现行的法律规定,还是法理上分析,保险公司均有权拒赔。

第一,保险公司已就保险合同中的免责条款尽到明确说明义务,免责条款生效。

依据我国《保险法》第十六条第一款、第十七条规定,保险人就保险合同的条款内容应负向投保人说明的义务,对保险合同中有关于保险人责任免除条款的,保险人在订立合同时应当明确说明,否则,责任免除条款不产生法律效力。因此,保险人是否就免除责任的条款尽到了明确说明义务,是保险人将来能否援引该免责条款抗辩的前提条件。本案被保险人与保险人签订的机动车辆保险合同背面所附的机动车辆保险条款中"责任免除"部分及投保人、被保险人违反法定、约定的义务时保险人"有权拒绝赔偿或自书面通知之日起解除保险合同"的约定,均应是保险合同中有关保险人的免责条款(其中也包括保险合同的约定解除权)。上述条款,通过保险人在保险单中的"明示告知"以及被保险人在投保单中"对责任免除和被保险人义务条款明确无误"的表示表明:被上诉人在订立该保险合同时,已经就保险合同的条款特别是责任免除部分尽到了明确说明的义务。因此,免责条款产生法律效力。

我国《保险法》规定的保险人对免责条款的明确说明义务,实际上给保险人提出了超出一般人可以预见的注意义务,目的似乎在于充分保护被保险人和受益人的利益。但从保险业务的发展及保险实践的操作看,此规定大有需要探讨之处。对免责条款进行"说明"似可操作,但如何做到使投保人或被保险人"明确"在实践中较难衡量。因为是否就合同的条款明确,应该以投保人或被保险人主观判断作为标准,让保险人以证据去证实投保人或被保险人主观状态,似乎强人所难,对保险人来说也是不公平的。既然法律设置了对保险条款有歧义时可以援用对保险人不利的解释,似乎不应再以是否明确作为合同条款产生效力与否的依据。

第二,保险人不利解释条款并非只要被保险人对合同条款提出异议就援用。

本案双方在保险条款中明确约定:"保险车辆装载必须符合《中华人民共和国道路交通安全法实施条例》中有关机动车辆装载的规定,使其保持安全行驶技术状态",同时约定"在保险合同有效期限内,保险车辆转卖、转让、赠送他人、变更用途或增加危险程度,被保险人应当事先书面通知保险人并申请批改",并且约定被保险人不履行规定义务的,保险人有权拒绝赔偿或自书面通知之日起解除保险合同。上述约定既然已经成为保险合同的内容,双方当事人就应受其约束。从其内容上看,上述条款不仅仅规定了被保险人的义务,"保险人有权拒绝赔偿或自书面通知之日起解除保险合同"的约定,同时也应是保险人在被保险人不履行上述义务时免除责任的条款。关于车辆装载问题,国务院发布的《中华人民共和国道路交通安全法实施条例》规定"不准超过行驶证上核定的载质量",该规定为行政法规的强制性规定,通常人们应当明知。特别是本案驾驶人作为专业驾驶人员,对车辆的装载规定更应明确,故保险条款第二十五条关于车辆装载的约定并非不明确或不好操作。因此,被保险人认为属于双方对保险条款的解释有争议,法院应作出有利于被保险人的解释的理由不能成立。

第三,被保险人负有保险标的的危险程度增加时及时通知的义务。

从被保险人车辆行驶证上看,投保车辆的核定载质量为10t,其却故意违反行政法规的强制性规定,严重超载至48t,导致交通事故的发生,且此为交通事故发生的唯一原因(驾驶人已被追究刑事责任),该严重超载行为一方面为违反《中华人民共和国道路交通安全法实施条例》的违法行为,另一方面也是违反双方所签订的保险合同的违约行为。合同中已约定了此种情况下保险人应免责,且依照《保险法》第五十二条的规定,在保险合同的有效期内,保险标的的危险程度增加的,被保险人按照合同约定应当及时通知保险人。本案被保险人严重超载运输增加了保险标的的危险程度,直接导致了保险事故的发生,且未履行通知义务,保险人就该保险事故不应承担赔偿责任。

财产保险合同成立后,保险标的的危险程度增加,应考虑到保险人的利益以合理地调整保险人的危险负担。因此,保险法设置了被保险人危险增加的通知义务,以便保险人办理批改手续或增收保险费,否则,保险人因保险标的的危险增加所引起的损失,不承担保险责任。

二、交通事故责任强制保险案例

【案例五】

李先生为自己的轿车向某保险公司投保交强险。保险期间内某日凌晨3时左右,李先生驾驶被保险车辆在本市行驶,不料与一辆三轮车相撞,造成三轮车上人员何某受伤。出事后,李先生因为心里害怕,便马上驾车从现场逃逸,回到家后他忐忑不安,经过3个小时的反复心理斗争他才前往交通支队自首,并向保险公司报告出险。

经鉴定,伤者因道路交通事故所致肠穿孔修补构成十级伤残。经交警支队处理,李先生与伤者达成调解协议,由李赔偿伤者伤残补助费、住院伙食补贴、营养费等各项经济损失共计64 989.89元。

随后保险公司向李先生发出拒赔通知,以李肇事逃逸为由,依《机动车交通事故责任强制保险条例》第二十四条第三款"机动车肇事后逃逸的,道路交通事故中受害人人身伤亡的丧葬费用、部分或者全部抢救费用,由救助基金先行垫付,救助基金管理机构有权向道路交通事故责任人追偿"的规定拒绝理赔。无奈之下,一纸诉状,李先生将保险公司告上法庭。

评析: 法院经审理认为,首先,肇事逃逸不在法定的责任免除范围之内。对于保险人的法定除外责任,《机动车交通事故责任强制保险条例》仅在第二十二条以列举方式规定了四种情形,即无证驾驶、醉酒驾车、机动车被盗抢期间肇事和被保险人故意制造交通事故时,保险公司在机动车交通事故责任强制保险责任限额范围内垫付抢救费用,并有权向致害人追偿。肇事逃逸并非本条所列的情形。

其次,肇事逃逸也不在约定的责任免除范围之内。双方所签合同规定,数种情形下,交强险不负责赔偿或垫付,并未涉及"肇事逃逸"。

第三,被告抗辩所援引的《机动车交通事故责任强制保险条例》第二十四条亦未规定肇事逃逸时,保险人可免于赔偿保险金。从该条的文义理解,该条仅规定肇事逃逸的,救助基金有先行垫付受害人部分费用的义务,但既未规定保险人可免除赔偿责任,也未规定被保险人丧失保险金给付请求权。所以,即使发生肇事后逃逸时,保险人亦不能据此免除保险金支付义务。

综上,法院认定保险公司理应按照保单内容对李先生作出理赔。

【案例六】

2015年6月27日,朱某在某保险公司买了一份交通事故责任强制保险,保单约定保险期限为2015年6月30日至2016年6月29日,其中责任限额中的死亡伤残限额为11万元。2016年1月24日下午6时,朱某驾驶被保险的轻型货车拉砖,在下货的过程中货车转动轴断落,朱某随后捡起转动轴碎片,并钻进车底下修复该车转动轴,由于该车突然滑动,左后轮碾过朱某的身体,经抢救无效死亡。

事故发生后,朱某的儿子跟保险公司协商理赔一事未果,朱某的儿子遂将保险公司告上法庭。原告认为,既然父亲向保险公司交纳了机动车辆强制保险费,现在出了事,保险公司就应该支付保险赔偿金11万元。而保险公司方面的代理律师认为,按照《机动车交通事故责任强制保险条例》条款的约定,朱某所遭遇的交通事故是意外造成的,不属于双方保险合同约定的保险责任赔偿范围,因此不应该赔偿。

评析: 法院认为,朱某作为货车车主,在购买交强险中既是被保险人,又是投保人,按照《机动车交通事故责任强制保险条例》规定:"本条例所称机动车交通事故责任强制保险是指由保险公司对被保险机动车发生道路交通事故造成本车人员、被保险人以外的受害人的人身伤亡、财产损失,在责任限额内予以赔偿的强制性责任保险。"也就是说,朱某是驾驶人、是车内人,不属于《机动车交通事故责任强制保险条例》中所指的受害人,保险公司不应当承担保险赔偿责任,因此保险公司不应当支付保险赔偿金。

三、商业第三者责任险案例

【案例七】

某保险公司承保了一辆解放牌货车,承保险别包括车损险、第三者责任险、车上货物责任险等。在保险期限内,该保险车辆在通过一乡村公路桥时将桥压塌,造成车辆损失和桥体损失(该桥无限行吨位标志且保险车辆装载符合规定)。对于车辆损失和桥体的损失,保险人是否应当承担赔偿责任?

评析: 本案中被保险人可能向保险公司提出两项索赔:一是就本车车损提出索赔;二是就桥体的损失提出索赔。对于车辆本身的损失,因其是由桥体坍塌造成,应属于"外界物体倒塌"的保险责任,保险人应当按照预定予以赔付。对于被压塌的桥体损失是否属于第三者责任险,应分不同的情况处理,关键看被保险人对桥体的坍塌是否负有法律上的赔偿责任。如果桥体当时的表面状况明显不适于该车辆通过,而车辆强行驶上桥面,则车辆驾驶人对于桥体的坍塌存在过失,应当对桥体的损失予以赔偿,在这种情况下,才构成第三者责任险的保险责任。

如果当时的桥面状况良好,并无明显的不适于车辆通过的情况,驾驶人对桥体的坍塌没有过错,也就不构成第三者责任险的保险责任。在驾驶人无过错而桥梁的建设方或管理方存在没有按照有关标准对桥梁进行施工、维护和管理等情况下,后者对桥梁的坍塌和保险车辆的损失负有责任。在此情况下,保险人在对保险车辆的损失履行赔偿责任后,可以依法取得对桥梁建设方或管理方的代位求偿权。

【案例八】

驾驶人赵某雨天驾驶微型面包车在城市道路上行驶,当其在路口左转弯时,因未注意让行主路直行车辆,导致主路上一辆正常行驶的摩托车因躲避微型面包车而滑倒,致使摩托车损坏,驾驶人肘部骨折。交警认定,微型面包车驾驶人负该起事故的主要责任,摩托车驾驶人负事故的次要责任。赵某的微型面包车已投保了第三者责任险,遂向保险公司提出了索赔申请。保险公司以两车未接触、保险车辆未发生意外事故为由,对该起事故作出不予赔偿的处理。

评析: 本案的情况,与保险车辆压飞路面的石子将第三者打伤的情况有类似之处,即保险车辆本身与第三者并未直接接触,保险车辆也没有通过其他的媒介与第三者接触。因此,本案的问题主要集中在以下两点:一是该类事件是否属于保险条款中所指的"意外事故";二是如果属于"意外事故",应如何确定被保险人的赔偿责任。首先,对于保险车辆的驾驶人和第三者来说,该种情况应属于出乎双方的意料之外,具有突发性,并造成了人员及财产的损害,因此,该种情况应当属于保险条款中所指的"意外事故"。其次,保险车辆的驾驶人如果是因违章行为等原因造成第三者损害,则依法应当负有对损害的赔偿责任。在此情况下,即构成了第三者责任险的保险责任,保险人应当按照保险合同的规定承担赔偿义务。

需要注意的是,并非所有的保险车辆未与第三者接触的情况都可能构成被保险人的赔偿责任。在有些情况下,保险车辆驾驶人并没有违章行为,但由于第三者的过失,自身健康原因或临危处理措施不当等原因而导致自身损害的情况,如曾有过驾驶人鸣笛提示过路老人,结果老人因受惊吓而导致心脏病突发死亡的案例,被保险人是否应当承担法律责任,则属于容易引起争议的问题。在此种情况下,保险人应综合考虑案情,谨慎判断是否属于保险责任,以充分维护自身的合法权益。

【案例九】

某搬家公司将其一辆吊车向当地保险公司投保了第三者责任险,赔偿限额为20万元。保险期间内某晚,该搬家公司为某绣花厂搬迁机器设备。在吊装一台大型机器时,因高度不够吊车多次伸长吊臂。当时天色已晚,能见度降低,吊车操作员不慎将吊臂触及空中高压电线,致使4名手扶机器的装卸工人遭电击受伤,其中一人在送往医院抢救的途中死亡。

评析:本案中所发生的伤亡故属第三者责任险的保险责任无疑,只是事故类型较为特殊,并非常见碰撞、倾覆等。但第三者责任险的保险责任中并未列明"意外事故"的类型和范围。依保监会对车险条款的解释,意外事故指"不是行为人出于故意,而是行为人不可预见的以及不可抗拒的并造成人员伤亡和财产损失的突发性事件"。本案中,吊车无疑是在使用过程中接触高压电线,导致了第三者的人身伤亡,应当认定为发生意外事故,而且吊车操作员依法应对该起事故负民事赔偿责任。根据保险合同的规定,保险公司理应对本次事故承担赔偿责任。

【案例十】

2016年3月17日20时10分许,张某驾驶奥迪牌小轿车,在靖边县长庆路由南向北行驶,行至长庆路南段时,将横过马路的行人李某碰撞倒地,又被后面冯某驾驶的别克牌小轿车碰撞,造成车辆损失、行人李某受伤的交通事故。经交警大队事故认定书认定,张某、冯某应负此次事故同等责任,李某不负此事故责任。原告张某所有的奥迪牌小轿车在被告公司投保了交强险和第三者商业险,原告要求被告公司承担赔偿责任,但被告公司拒绝赔付。现诉请:依法判令被告公司赔偿原告实际损失100 000元;诉讼费由被告承担。

评析:审理结果由被告保险公司在本判决生效后十五日内赔偿原告第三者责任保险金额100 000元。案件受理费2 300元,由被告保险公司负担。

法院经审理认为,原、被告双方签订机动车保险合同是双方在平等、自愿、意思表示真实的情况下签订,内容不违反法律、行政法规的强制性规定,应为有效合同。按照规定机动车发生交通事故后首先应在交强险范围内赔偿,不足部分在第三者责任险范围内赔偿。奥迪牌小轿车发生交通事故后,被告已按规定在交强险范围内予以赔偿,不足部分应在第三者责任险内赔偿。因奥迪牌小轿车投保第三者责任保险限额为100 000元,所以被告应按约定在责任限额内赔偿,故原告的诉讼请求本院予以支持。对被告辩称,根据中国人民财产保险股份有限公司家庭自用车实施保险条款第六条第六项的规定,原告在发生交通事故后逃逸的,属于免责条款。原、被告签订合同时,保险公司已经明确说明了免责条款,所以保险公司不予赔偿。因原、被告在订立合同时,被告提供的是格式合同,被告未提供证据证明对免责条款采取合理的方式提示原告,亦未进行明确说明,该条款不产生效力,故被告的辩解无事实和法律依据,法院不予支持。

【案例十一】

某贸易公司将一辆自用的桑塔纳轿车向保险公司投保了车辆损失险和第三者责任险。该车平时由本单位的王某驾驶,并负责日常的保养和维护。一日,王某的亲戚李某向其借车出去郊游，王某碍于情面，便在未征得单位同意的情况下把车子借给李某，并叮嘱李某一定要注意安全。不想李某在驾车出行过程中发生了交通事故，将一过路行人撞成重伤，车辆也被交警部门暂扣。王某得知后，知道无法向单位隐瞒，便向领导交代了实情。单位领导急于将车辆从交警部门取回，便急忙派人向保险公司报案，希望保险公司能够对受害者承担赔偿责任，以利于事故快速处理。

评析：现行的车险条款对保险车辆使用有着明确的限定，即车辆使用人仅限于被保险人本人和其允许的合格驾驶人，只有在上述人员驾驶车辆发生事故的情况下，保险人才承担赔偿责任，无论是车辆损失险还是第三者责任险都是如此。之所以这样规定，主要是考虑如果对车辆使用人员不加以限制，则既不利于被保险人对保险车辆进行妥善的使用与保管，也不利于对保险标的的风险进行有效的控制。所以，对于车辆使用人作出限定是非常必要的。在本案中，作为被保险人的某贸易公司，并没有对外单位人员李某使用本单位车辆作出许可，车辆是由驾驶人王某私自借出的，所以李某不是被保险人允许使用保险车辆的人员。对李某驾车造成的第三者损害，不构成第三者责任险的保险责任，保险人对该起事故不负赔偿责任。

四、车辆损失险案例

【案例十二】

某市政府购置了一辆公务小客车，一直在当地某保险公司承保，并由驾驶人陈某负责其日常维护保养。由于陈某精心维护，谨慎驾驶，几年来从未出现大的事故。对于车辆经常出现的小故障，陈某凭着对该车情况熟悉，一般都能自己动手解决。某日，陈某外出时车辆意外抛锚，因当时天色已晚，陈某急于赶路，便下车打开机器盖检查。他隐隐嗅到一股燃油味，但看不清来自何处，遂从兜儿中摸出打火机点火照亮。突然，一股火苗从发动机下部窜起，迅速蔓延到全车。陈某虽奋力抢救，车辆最终被全部烧毁。事后经当地消防中队认定，系车辆供油管道渗漏，遇外来火源起火。

评析：目前，国内行驶的许多车辆的前部机器盖内都没有装置照明设备，给驾驶人在昏暗的光线下检修增添了障碍，尤其是户外发生故障时，检修起来就更加困难。该案中陈某怀疑车辆供油系统渗漏，为防止出现更大事故，急于强行检修。但他忽略了应远避火源的原则，反而用明火照亮，这是引起火灾的主要原因。无疑，陈某对起火负有严重过失责任。但严重过失并不是保险的除外责任。本起事故应属于汽车损失险保险责任中的"火灾"，保险公司应按照保险合同的规定予以赔偿。

在《机动车辆保险条款》中，被保险人及驾驶人的故意行为所导致的保险事故和损失被列为保险人的责任免除。但是"故意"行为与被保险人的"过失"是两种完全不同的心理状态。故意是指行为人已预见到自己的行为会造成某种后果，而追求或放任该结果发生；过失则是指行为人能够或应当预见到其行为会造成某种后果，但由于疏忽大意没有预见到或虽已预见到却因过于自信而未能避免。被保险人及驾驶人的故意行为由于存在着极大的道德风险，不属于不可预见的风险，因此绝大多数的险种都将其从承保风险中剔除。而在大多数保险车辆发生的意外事故中，被保险人或驾驶人都或多或少地存在着诸如违章、处理措施不当之类的过失，除某些过失属违反被保险人义务或因风险较大而被列为责任免除的情形外，其他状况下由于被保险人或驾驶人的过失而引发的保险事故,保险人均应当依据保险合同的规定予以赔偿。

【案例十三】

某地林业局将一辆越野吉普车向当地保险公司投保了车辆损失险和第三者责任险。在保险期间内,该局工作人员驾驶保险车辆赴林区检查工作,途中忽遇泥石流,长度达 2km。由于路段坍塌,造成车辆受阻,所幸车辆和车上人员都安然无恙,但车辆被泥石流困住,已无法开出。车上人员步行脱离险区后立即向承保公司报案,要求对车辆进行施救处理。但由于险区路段根本无法通行,施救工作无法展开。当地雨季来临在即,如不及时施救,本来完好的车辆将被雨水冲刷浸泡致损。受阻路段至少要在两个月后才能修复,而该车辆的保险期限距届满日已不足一个月。

评析:"泥石流"属车辆损失险的保险责任范围,但只有当泥石流造成保险车辆的损毁、灭失时,保险人才承担保险责任。本案中虽然保险车辆遭泥石流围困,但被围困本身并非保险事故。保险车辆本身并未发生损毁,即保险事故尚未发生,保险人此时无须承担保险责任。考虑本案情况,保险车辆被困后极有可能因其他自然灾害或意外事故发生损毁,而损毁与泥石流的围困有较为密切的牵连关系。因此,从维护被保险人利益的角度出发,保险人可与被保险人约定,在车辆被解救出来后,如发现有在遭遇泥石流期间发生的损毁,将其视为保险期限内发生的事故承担保险责任。

【案例十四】

张某新购一辆轿车,市场价为 13 万元,并向保险公司投保了车辆损失险等险种,保险期间为一年。保险期间内某日张某在高速公路上驾车,因跟车过近,不慎撞上前面一辆集装箱货车,造成本车全车报废,张某当场死亡。张某的继承人持保险合同向保险公司提出索赔。保险公司认定事故属于保险责任,但双方在具体赔偿金额上未达成协议。原因在于轿车的价格已在全国范围内进行了大幅度调整,新车购置价由 13 万元降至 11.8 万元。张某家属要求按车损险保险金额 13 万元赔偿。保险公司则以被保险人不应获利为由,坚持按调整后价值 11.8 万元计算赔偿。

评析:保险条款中明确规定,机动车辆在全部损失的情况下,按保险金额计算赔偿,但保险金额高于实际价值时,以不超过出险当时的实际价值计算赔偿。根据保险的损失补偿原则,保险人应当在责任范围内对被保险人所受的实际损失进行补偿,其目的在于通过补偿使保险标的恢复到保险事故发生前的状况,被保险人不能获得多余或少于损失的补偿。本案中保险人按调整后价值 11.8 万元计算赔偿,足以使被保险人的遗属在当时的市场上购买与保险车辆同型号的新车,已经使被保险人的损失得到了充分、有效的补偿,因此保险人赔偿车辆损失 11.8 万元是正确和合理的。

【案例十五】

某液化气公司将其用于运输液化气的气罐车向保险公司投保了车辆损失险和第三者责任险。在保险期间内,该车发生倾覆事故,车辆侧翻在公路旁沟内。当时车上气罐内储满了液化气,随时有可能起火爆炸,导致更大的灾难。为防止更大灾难的发生,施救人员不得不另雇气罐车将液化气转移,再将车辆吊起拖至安全地点。事后,被保险人向保险公司提出了索赔申请,除请求赔偿保险车辆因倾覆造成的损失外,还以施救费的名义要求赔偿因转移液化气支出的费用。

评析：机动车辆保险条款规定："发生保险事故时,被保险人或其允许的合格驾驶人对保险车辆采取施救、保护措施所支出的合理费用,保险人负责赔偿。但此项费用的最高赔偿金额以保险金额为限。"保险人对施救、保护费用负责赔偿的目的是鼓励被保险人或驾驶人在保险事故发生时采取有效措施以避免损失的造成或扩大,是对保险人和被保险人双方利益的维护。因此,对于被保险人和驾驶人支出的必要、直接、合理的施救费用,保险人应当负责赔偿。本案中保险车辆倾覆后如不及时对车上所载的液化气进行处理,很有可能发生爆炸,造成更大的损失。因此,将液化气及时转移是非常必要的。对于此项施救支出,保险人应当负责赔偿。

五、全车盗抢险案例

【案例十六】

深圳的陈先生花10多万元买了辆新车,交车款时为新车投了全车盗抢险、交强险、车辆损失险、第三者责任险等7项保险,并当即向某保险公司交清了7 180元的保险费,办妥了投保手续。但不到一个月,在车牌尚未办好,新车却丢失了。车主向保险公司索赔,保险公司向车主发出"拒赔通知",理由是该车被盗时尚未领取车牌,根据保险单特别约定"本保单项下全车盗抢责任险责任自车辆上牌之日起生效",故保险公司不负赔偿责任。而车主则认为,保险应在保险公司收到保险费之日起开始生效,为什么又暗藏了一个"特别约定"？如果上车牌之后全车盗抢险才生效,那么上牌之前收取的盗抢险保险费又是什么意思？

评析：保险公司在保单上明确写有"本保单项下全车盗抢险责任自车辆上牌之日起生效",且投保人在保单"投保人声明"一栏签章,确认了保单及特别约定的有效,因此不承担赔偿责任。

【案例十七】

2015年12月17日,某食品公司为该公司某地办事处的金杯小客车向某保险公司进行投保,双方建立保险合同关系,保险期限自2015年12月17日起至2016年12月16日止。该食品公司所投保险种包括盗抢险、车损险、第三者责任险等,其中盗抢险保险金额为人民币114 400元。2015年3月25日,该食品公司所投保车辆在异地被盗,现已由丢失地公安机关立案侦查。2015年6月28日,丢失地公安局保险查找鉴定中心出具证明一份,证实食品公司被盗的被保险车辆至今还未寻获。之后,该食品公司向保险公司申请理赔,但保险公司以该食品公司未提供被盗机动车车辆号牌的注销证明为由,拒绝予以理赔。为此,食品公司向被保险车辆登记机关某市公安局交通管理局申请被保险车辆的号牌注销证明,该局于2015年7月10日向食品公司出具证明一份,证明该食品公司的被保险车辆因盗窃而被上锁登记。对此,保险公司仍拒绝向食品公司予以保险理赔。故食品公司提起本案原审诉讼,请求判令:保险公司给付该公司保险赔偿金人民币110 968元,本案案件受理费由保险公司负担。

评析：一审法院经审理后认为,本案保险合同所涉盗抢险的性质属于商业保险。商业保险合同的签订遵循自愿原则,当事人的权利义务应依照合同约定即保单条款确定。本案中,食品公司在向保险公司索赔时已按保险条款规定向保险公司提供了相关凭证及出险地县级以上公安部门出具的车辆盗抢立案证明、侦破未果证明。同时，也办理了车辆被盗抢登记，被保险车辆号牌亦被相关车辆管理部门锁定，他人实际已无法办理车辆及号牌的过户转让事宜。而食品公司业已履行了申请理赔的相关手续。基于此，保险公司主张的因食品公司未提交失窃车辆的号牌注销证明而拒绝予以理赔的抗辩意见，与事实不符，应不予采纳。据此，一审法院依照《保险法》第二十三条之规定，判决：保险公司应于判决生效后十日内给付食品公司车辆盗抢险赔偿金人民币110 968元。一审案件受理费由保险公司负担。如果未按判决指定的期间履行给付金钱义务，应当依照《民事诉讼法》第二百五十三条之规定，加倍支付迟延履行期间的债务利息。

保险公司不服原审上述民事判决，向上级法院提起上诉称：基于机动车车辆盗窃险的理赔常规，被上诉人食品公司作为失窃车辆的被保险人，在申请车辆盗窃险理赔时，应当提供被盗车辆的车辆号牌注销证明，即双方保险合同所附盗窃险条款第十四条所约定的"报停手续"。否则，将不利于公安机关追查被盗车辆，从而减小保险人追回被盗车辆、挽回损失的可能。上诉人的上述要求，不仅合情合理，且存在合同依据，更符合行业惯例。综上，上诉人在被上诉人某食品公司未按约提供全部理赔材料之前，有权拒绝予以保险赔偿。据此，请求：撤销原审判决，并改判驳回被上诉人食品公司的原审诉请，本案一、二审案件受理费由被上诉人某食品公司负担。

被上诉人食品公司辩称：该公司已经按双方保险合同所附保险索赔条款的约定，向上诉人某保险公司履行了申请保险理赔所需材料的提交义务。现上诉人保险公司以该公司未提交失窃车辆号牌注销证明为由而拒绝承担保险理赔责任，不具有事实和法律依据。一审法院认定事实清楚，适用法律正确。故请求：维持一审判决，驳回上诉人某保险公司的上诉请求。

二审法院经审理查明，一审查明事实属实，法院予以确认。

二审法院另查明：第一，被上诉人食品公司在一审审理中表示，该公司一审诉请的保险赔偿金金额人民币110 968元，为经上诉人保险公司核定的保险理赔金额。对此，上诉人保险公司未持有异议。

第二，双方保险合同所附盗窃险条款第十四条（即保险人、被保险人义务）的条款内容为："被保险人向保险人索赔时，须提供保险单、机动车行驶证、机动车登记证、购车原始发票、车辆购置附加税（费）完税凭证或免税凭证、车辆已报停手续、县级以上公安刑侦部门出具的车辆被盗窃立案证明、侦破未果证明。在外地出险的，还应提供出险地县级以上公安刑侦部门出具的车辆被盗窃立案证明、侦破未果证明。"

第三，原审中保险公司作为证据提供的《机动车登记规定》，系由我国公安部于2008年5月27日以中华人民共和国公安部第102号令形式发布。该《机动车登记规定》第四十八条的内容为：已注册登记的机动车被盗抢，车辆管理所应当根据刑侦部门提供的情况，在计算机登记系统内记录，停止办理该机动车的各项登记。被盗抢机动车发还后，车辆管理所应当恢复办理该机动车的各项登记。

二审法院认为：根据被上诉人某食品公司原审提供的本市公安局交通管理局就涉及本案被保险车辆所出具的机动车被盗抢登记受理凭证，应能证明被上诉人食品公司作为失窃车辆的投保人，已按约履行了双方保险合同所规定的对被盗抢车辆向车辆登记管理部门办理报停手续的合同义务。至于上诉人保险公司所坚持主张的双方保险合同所附盗窃险条款

第十四条所约定的"报停手续",系指注销被盗保险车辆号牌的抗辩理由,依法应由该公司进行合理举证。但现上诉人保险公司并未提供相应的依据予以证明,故本院对此难以采信。而依据上诉人保险公司作为支持该公司上述抗辩理由而提供的我国公安部于 2008 年 5 月 27 日发布的《机动车登记规定》第四十八条之规定,对于已注册登记的机动车被盗抢,车辆管理所亦仅是根据刑侦部门提供的情况,在计算机登记系统内记录,停止办理该机动车的各项登记。而并非如上诉人保险公司所主张的应由被盗车辆所有人申请办理车辆号牌的注销手续。

综上,本案上诉人保险公司以被上诉人食品公司未提交失窃车辆的号牌注销证明为由拒绝承担保险理赔责任,显然缺乏事实和法律依据,亦有违诚信原则,二审法院难以支持。一审法院认定事实清楚,适用法律正确,应维持原判。依照《民事诉讼法》第一百七十条第一款第(一)项之规定,判决如下:

驳回上诉,维持原判。

二审案件受理费由上诉人某保险公司负担。

本判决为终审判决。

六、附加险案例

【案例十八】

余某购买了某汽车有限公司生产的轿车一辆。次日,余某为该车向某保险公司投保了车辆损失险、第三者责任险、全车盗抢险等基本险,并投保了自燃损失险等附加险。保险期间内,余某将该车停放于小区停车场,凌晨 3 时 15 分,该车辆发生火灾,全车烧毁。该区公安消防大队出具火灾原因认定书,认定该车辆由于油路故障自行燃烧。保险公司根据其与余某间保险合同的约定,向余某支付了保险赔偿金 181 632 元,余某并向保险公司出具权益转让书一份,将获赔部分的追偿权转移给保险公司。保险公司以涉案车辆存在质量缺陷为由,要求汽车生产公司赔偿因此造成车辆烧毁的损失,生产公司拒不赔偿。保险公司遂将汽车生产公司告上法庭。

评析:一审法院审理后认为,当事人对自己所主张的事实有责任提供证据。保险公司以涉案车辆存在质量缺陷为由,要求汽车生产公司赔偿因此造成车辆烧毁的损失,但其仅提供了火灾原因认定书来证明涉案车辆存在质量缺陷,而火灾原因认定书系对发生火灾的原因所做的认定,并未对涉案车辆是否存在质量问题作出认定,其所述的油路故障亦存在多种可能,在无其他证据佐证的情况下,并不能简单将油路故障等同于质量缺陷。保险公司在履行理赔义务后,取得了涉案车辆,应有能力采取一定的措施对涉案车辆是否存在质量问题进行举证,但其却在尚需向汽车生产公司主张相关权利的情况下,擅自将涉案车辆进行了处理,使得涉案车辆现状不明,导致无法通过司法鉴定等手段来确定质量问题的存在与否,保险公司应承担举证不能的法律后果。据此,一审法院判决:驳回保险公司要求汽车生产公司偿付赔偿金 181 632 元的诉讼请求。本案受理费由保险公司负担。

判决后,上诉人某保险公司不服,提出上诉。

被上诉人某汽车生产公司表示服从原判。

本案审理过程中,经法院主持调解,双方当事人自愿达成如下协议:

第一,被上诉人某汽车生产公司同意补偿上诉人保险公司人民币80 000元,上述款项应于约定日期之前直接向上诉人保险公司支付。

第二,一审案件受理费、二审案件受理费,由上诉人保险公司负担。

第三,若被上诉人某汽车生产公司未按期足额支付上述款项,上诉人保险公司有权按照本协议确定之补偿数额直接向法院申请强制执行。

第四,双方当事人无其他争议。

上述协议,符合有关法律规定,法院予以确认。

调解书经双方当事人签收后,即具有法律约束力。

【案例十九】

王某今年年初在某车行买一辆新车。在购车时,车行销售人员为了吸引其购车,称可以赠送一份价值3 000多元的全车险,王某便随即落定。

一个多月后,王某提到新车,并拿到车行赠送自己的某保险公司车险保单。保险期间内某日该市下暴雨时,王某没留意将汽车开进一处积水造成熄火。由于经验不足,王某仍然强行点火发动,结果造成发动机损伤。事后,王某及时向某保险公司报案。但理赔人员现场勘查后却告诉他,因他没有购买"涉水险",所以不能获赔。

对此,王某认为,车行赠他的是全车险,只要车出险,保险公司就得赔。而保险公司则提醒他仔细核查保单上的投保险种,并指出他所投保的全车险仅包括车损险、第三者责任保险、全车盗抢险、车上人员责任险、车身划痕险、玻璃单独破碎险、不计免赔特约条款等保监会统一制定条款的险种,并不包括涉水险等附加险种。

评析:在发动机进水后依然强行点火所造成的损失,已属于车损险的免责范围。这意味着王某只能自己承担高达上万元的发动机维修费用。

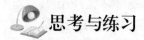

思考与练习

思考题

1. 甲车投保交强险及商业三者险20万元,发生交通事故后撞了一名骑自行车的人,造成自行车上乙、丙两人受伤,财物受损,其中乙医疗费7 000元,死亡伤残费50 000元,财物损失2 500元;丙医疗费8 000元,死亡伤残费35 000元,财物损失2 000元。经事故处理部门认定甲车负事故70%的责任。

问:甲车从交强险中能获得多少赔款?

2. 一新轿车实际价值20万元,在某保险公司投保车损险20万元,由于不慎,该车发生交通事故,导致标的车全损,查勘员小李在查勘过程中发现该车在另一保险公司也投保一份车损险,保额也为20万。

问:该标的车辆的投保是否构成重复保险?

3. 甲车与乙车发生相撞事故,造成甲车、乙车受损,乙车驾驶人死亡。经认定,甲车被保险人承担事故主要责任,交管部门未明确划定事故赔偿比例。

甲车投保情况:①强制保险情况:投保了机动车辆交通事故强制责任保险,其中,财产损失责任限额2 000元,医疗费用责任限额8 000元,死亡伤残责任限额50 000元。②商业保险情况:投保了机动车损失险、第三者责任险,机动车损失险保额为100 000元,第三者责任险责任限额为50 000元。负事故主要责任时,免赔率为15%。

乙车投保情况:乙车只投保了交强险,其中,财产损失责任限额2 000元,医疗费用责任限额8 000元,死亡伤残责任限额50 000元。

事故损失情况及调解赔偿:①乙车驾驶人医药费12 000元;②死亡赔偿金为9 000元/年×20年=180 000元;③丧葬费7 000元;④死者随身手机3 000元;⑤被抚养人生活费110 000元;⑥事故处理人员误工费300元;⑦处理丧葬事宜的交通费1 000元;⑧精神抚慰金30 000元;⑨甲车损失12 000元;⑩乙车损失25 000元。

问:甲、乙两车分别能获得多少保险赔款?

综合训练

1. 2016年8月15日晚6时许,张某驾驶两轮摩托车在济南市某公路由西往东行驶时,与由王某驾驶的往西行驶的大型货车相撞,张某倒地受重伤,即被送医院急救,由于张某昏迷不醒,一直在重症监护室救治,并随时有生命危险,大型货车驾驶人王某在肇事后逃逸。伤者张某的家人为挽回张某的生命,先后用去了抢救费10多万元,但毕竟由于家境贫寒,还是欠下医院5万元的医疗费,医院多次向张某家人催交未果,想停止抢救。后经了解,事故发生前王某的车辆在某保险公司投保了交强险。

(1)王某车辆的交强险能否为张某垫付抢救费用?

(2)《中华人民共和国道路交通安全法》对此是如何规定的?

(3)如果王某的车辆根本没有买保险,那么张某的抢救费用应如何处理?

2. 某公司承保的大型货车在行驶途中右前轮脱落,将路边等公交车的女青年李某砸死。事后,当地车管所对事故车辆进行鉴定,结论为:标的车辆制动力和驻车制动力达不到标准,灯光装置不合规定。

(1)车辆车轮脱落致路边人死亡,能否构成机动车第三者责任保险的保险责任?

(2)鉴定结论中的车辆部分技术状况不符合标准是否可认定被保险人违反《中华人民共和国保险法》规定的投保人和被保险人义务?保险公司可以以此拒绝赔偿吗?

(3)判决此案按照人身损害赔偿标准进行赔付。保险人若赔偿此案,应赔偿受害人哪些费用,依据法规是什么?

3. 某物流公司驾驶人李某驾驶解放牌货车在山路上行驶,忽遇路面滑坡,车辆顺势滑至坡下30余米处,所幸李某没有受伤。李某小心翼翼地下车,发现车子还有可能继续下滑,就从工具箱中取出千斤顶,想把车的前部顶起以防继续下滑。就在李某操作千斤顶时,车辆忽然下滑,李某躲闪不及,被车辆压住,导致腰椎骨折。

事故发生后,物流公司迅速向保险公司报案,并提出索赔请求。保险公司核赔时发现该车只投保了车辆损失险,遂告知物流公司对于李某的伤残费用不负赔偿责任。物流公司认为,李某是在对车辆施救过程中受的伤,其伤残费用应属于"施救费",应属车损险赔付范围,并申请在车辆修复金额之外单独计算予以赔偿。保险公司拒绝了物流公司的请求,物流公司遂向法院起诉。

(1) 你认为法院会如何判决？依据是什么？

(2) 对事故损失施救时，应注意什么？

4. 张先生购买了一辆国产轿车，并在某保险公司购买了交强险和车辆损失险。由于这辆车的四个车轮都是国产的普通车轮，张先生觉得不够漂亮且对其质量和安全性没有信心，于是张先生就到汽车美容店给轿车更换了四个进口品牌车轮，价格是原来车轮的5倍，同时增加了许多其他装置。一翻改装后，轿车显得与众不同，张先生甚是喜爱。但不久后，该轿车发生了交通事故，轿车损坏严重，同时四个车轮坏了两个。

(1) 本次事故损失保险公司会赔偿吗？两个撞坏的车轮保险公司会赔偿吗？

(2) 汽车购置后的加装装置如何才能获得保险保障？

(3) 此种加装装置的车辆出事故后，查勘重点是什么？

5. 被保险人王某给自己的轿车购买了车辆损失保险，保险期限为2015年1月11日至2016年1月10日。2016年1月9日上午8时30分保险公司接到王某的报案，称：1月8日王驾驶轿车于夜间11时30分在市区环城路行驶时前部与一大型箱式货车追尾，货车已趁夜色逃逸，目前被保车辆已在郊区某修理厂。1月9日上午10时，受保险公司委派，查勘定损人员随即赶到修理厂，发现该轿车前部受损，需更换保险杠、左右大灯、左右转向灯、左右雾灯、散热器、冷凝器等部件，预计费用1万元；经修理厂对该车作进一步拆检后发现，发动机因过热已严重损坏，需更换活塞、缸体、曲轴、连杆等部件，这部分修理费用为4.2万元。

(1) 本案有哪些疑点？

(2) 作为保险公司的查勘定损人员，应如何处理该事故？

6. 驾驶人赵某驾驶货车行驶时，轮胎压飞一卵石，卵石高速飞出击中路边行人李某一只眼，将李致重伤，被送医院治疗，共花费1.8万余元。交警认定，双方均不负责任，李某经伤残鉴定为4级伤残，他以自己无过错为由，向驾驶人赵某提出索赔。由于该车投保了20万元的第三者责任险，赵某遂向保险公司就李某的治疗费用提出索赔申请。

(1) 本案中的李某致残，虽系车辆行驶所致，但车辆并未与行人接触，是否应该由第三者责任保险进行赔付？

(2) 假如需要赔付，是否应该就李某的损失全额赔付？

7. 一保户报案称其投保的捷达牌轿车行驶时不慎与路面上的石头相撞，造成发动润滑油底壳破裂，润滑油泄漏，车辆就在事故现场的路边，请求保险公司速来查勘。

查勘定损人员及时赶到现场，发现道路中间有几块夜间拉石料的车辆散落的石头，其中一块被润滑油侵蚀，石头周围也有一片油污。经仔细检查，轿车的发动机油底壳有一孔洞，洞口向内凹，润滑油已漏尽，经与碰撞的石头比对，形状相吻合，汽车的停车位置距离所碰撞的石头不足50m。

事故车辆拖到维修厂以后，维修人员将其用举升机举起，对发动机进行全面检查。搬动曲轴皮带轮时，曲轴运转自如，拆检之后，发现润滑油泵集滤器、润滑油泵均无损坏。分别揭下曲轴轴瓦和连杆轴瓦检查，没有发现烧蚀、磨损现象。此次事故只造成了发动机油底壳的变形与断裂，没有引起其他机件的损坏。

(1) 该起事故是否属于保险责任？

(2) 针对该起事故，应该如何制订维修方案？

(3)该起事故涉及哪些拆装、检查工时？
(4)该起事故需要更换哪些零部件？

8.一辆装用柴油发动机的东风牌自卸汽车,在行驶途中,驾驶人发现发动机冒烟,停车查看时起火,整个驾驶室、变速器、转向器等铝合金制成的部件全部烧毁。驾驶人拨打119火警电话求救,大火才被消防警察扑灭。

经查勘得知,该车为九成新,白天起火,驾驶人首先拨打119电话求救。由于几乎是新车,电路老化问题可以基本排除,排查重点放在油路方面。询问车主在行车途中有无发动机动力不足的现象,得到了"不存在"的明确答案。据此,排除了供油管漏油的可能,重点在回油管查找。进一步检查发现,回油管有一处不明原因之折痕,且位置恰好对准发动机的排气管,估计是该处发生的漏油漏在了排气管上,引起车辆自燃(柴油自燃温度为335℃,而排气管温度高达700~800℃),该处起火后,引燃了电缆,将火引入了驾驶室,烧掉了整个驾驶室。

(1)该车是否符合自燃特征？
(2)为什么变速器、转向器等铝合金制成的部件会被烧毁？

9.车辆在水中强行启动,导致发动机损坏,应否赔偿？

2015年7月,某地区急降大暴雨。某公司的业务员急于赶飞机,由驾驶人王某驾车送其去机场。在行至一立交桥底时,前方因发生交通事故导致道路堵塞。此时暴雨刚下过不久,雨水汇集在桥的底部,没过了王某汽车的底盘。为及时赶上班机,并尽快脱离困境,王某启动发动机想将车开到地势稍高的路段。岂料此时积水已漫过汽车排气管。发动机启动后,活塞的巨大吸力将雨水从排气管倒吸进气缸,导致曲轴连杆折断。由于该车已投保了车辆损失险,于是被保险人向保险公司就发动机的损坏提出了索赔申请。

(1)在《机动车辆保险条款》中,因"暴雨"而构成的保险责任包括哪些？
(2)本次事故造成的发动机连杆折断,是否属于保险责任？

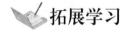

拓展学习

赔款理算案例

1.甲车在某保险公司投保了交强险,在保险期间内,与乙车、丙车发生了交通事故。核定损失如下:甲车车上人员死亡伤残费3 000元,车上人员医疗费600元,车损9 000元;乙车车上人员死亡伤残费2 000元,车上人员医疗费5 000元,车损及车载货物8 000元;丙车车上人员死亡伤残费1 000元,车上人员医疗费400元,车损700元。

(1)假设公安交通管理部门确定甲车有责,但未确定保险事故各方车辆在强制保险项下所承担的赔偿责任时,计算甲车交强险赔款。
(2)假设公安交通管理部门确定甲车在强制险项下各分项赔偿限额均承担赔偿责任比例为30%,请计算甲车交强险赔款。
(3)假设公安交通管理部门确定甲车在本次事故中无责,请计算甲车交强险赔款。

评析:(1)假设公安交通管理部门确定甲车有责,但未确定保险事故各方车辆在强制保险项下所承担的赔偿责任时,交强险赔款计算:

死亡伤残费:(2 000 + 1 000) ÷ (3 - 1) = 1 500(元) < 110 000元;核定赔款:1 500元。

医疗费:(5 000+400)÷(3-1)=2 700(元)<10 000元;核定赔款:2 700元。

财产损失:(8 000+700)÷(3-1)=4 350(元)>2 000元;核定赔款:2 000元。

各分项核定赔款合计:1 500+2 700+2 000=6 200(元)。

(2)假设公安交通管理部门确定甲车在强制险项下各分项赔偿限额均承担赔偿责任比例为30%,交强险赔款计算:

死亡伤残费:(3 000+2 000+1 000)×30%=1 800(元)<110 000元;核定赔款:1 800元。

医疗费:(600+5 000+400)×30%=1 800(元)<10 000元;核定赔款:1 800元。

财产损失:(9 000+8 000+700)×30%=5 310(元)>2 000元;核定赔款:2 000元。

各分项核定赔款合计:1 800+1 800+2 000=5 600(元)。

(3)假设公安交通管理部门确定甲车在本次事故中无责,交强险赔款计算:

死亡伤残费:(2 000+1 000)÷(3-1)=1 500(元)<11 000元;核定赔款:1 500元。

医疗费:(5 000+400)÷(3-1)=2 700元>1 000(元);核定赔款:1 000元。

财产损失:(8 000+700)÷(3-1)=4 350元>100(元);核定赔款:100元。

各分项核定赔款合计:1 500+1 000+100=2 600(元)。

2. 甲车在某保险公司投保交强险,在保险期间内,与多名行人发生了交通事故,导致多个行人死亡和伤残,并发生抢救费用,同时造成路政设施损坏。核定损失如下:人员死亡伤残费共90 000元,医疗费用6 000元,路政损失300元。

(1)假设公安交通管理部门确定甲车负同责,请计算交强险赔款。

(2)假设公安交通管理部门确定甲车无责,请计算交强险赔款。

评析:(1)假设公安交通管理部门确定甲车负同责,交强险赔款计算:

死亡伤残费:90 000元<110 000元;核定赔款:90 000元。

医疗费:6 000元<10 000元;核定赔款:6 000元。

财产损失:300元<2 000元;核定赔款:300元。

各分项核定赔款合计:90 000+6 000+300=96 300(元)。

(2)假设公安交通管理部门确定甲车无责,交强险赔款计算:

死亡伤残费:90 000元>110 00元;核定赔款:11 000元。

医疗费:6 000元>1 000元;核定赔款:1 000元。

财产损失:300元>100元;核定赔款:100元。

各分项核定赔款合计:11 000+1 000+100=12 100(元)。

3. 甲车在某保险公司投保了交强险,同时购买了10万元限额的商业第三者责任险,在保险期内发生了与其他车辆及行人的交通事故,核定第三者损失如下:对方死亡伤残费200 000元,医疗费用800元,财产损失600元。

(1)假设公安交通管理部门确定甲车负事故责任比例为70%,商业三者险的绝对免赔率为15%,请计算交强险赔款和商业三者险赔款。

(2)假设公安交通管理部门确定甲车在事故中无责,请计算交强险赔款和商业三者险赔款。

评析:(1)假设公安交通管理部门确定甲车负事故责任比例为70%。

交强险赔款计算:

死亡伤残费:200 000元>110 000元;核定赔款:110 000元。

医疗费:800元<10 000元;核定赔款:800元。

财产损失:600元<2 000元;核定赔款:600元。

各分项核定赔款合计:110 000+800+600=111 400(元)。

商业三者险赔款计算:

[三者全部损失(200 000+800+600)－交强险赔款(111 400)]×70%=63 000(元)<100 000元

商业三者险赔款=63 000×(1－15%)=53 550(元)

(2)假设公安交通管理部门确定甲车在事故中无责。

交强险赔款计算:

死亡伤残费:200 000元>11 000元;核定赔款:11 000元。

医疗费:800元<1 000元;核定赔款:800元。

财产损失:600元>100元;核定赔款:100元。

各分项核定赔款合计:11 000+800+100=11 900(元)。

商业三者险赔款计算:

商业三者险赔款=0

4. 张某在2016年3月1日为其家庭使用的小轿车(新车购置价15万元)向A保险公司投保了机动车交通事故责任强制保险及机动车第三者责任保险,保额10万元,家庭自用汽车损失保险15万元,基本险不计免赔特约险,保单次日生效。2016年4月11日,标的车在行驶过程中与B保险公司承保的乙车发生碰撞,乙车又撞伤路旁的行人丙,公安交管部门认定标的车负事故的主要责任,乙车负事故的次要责任,行人丙在本次事故中无责任。经A保险公司查勘核定,标的车损失22 000元,乙车损失12 000元,丙发生的医疗费用共36 000元,其中超出国家基本医疗保险部分为10 000元,请计算:

(1)A保险公司在机动车第三者责任保险项下对乙车和行人应赔偿的金额是多少?

(2)A保险公司在机动车第三者责任保险项下应赔偿的金额是多少?

(3)A保险公司在家庭自用汽车损失保险项下对标的车应赔偿的金额是多少?

评析: 标的车负事故主要责任。

(1)在交强险赔偿项下对乙车的赔偿金额为人民币2 000元。

对行人丙的赔偿金额=(36 000－10 000)÷2=13 000(元)>10 000元,最终确定赔款金额为10 000元。

(2)A保险公司机动车第三者责任险项下的赔偿金额=(22 000+12 000+26 000－10 000－10 000)×150 000÷150 000×70%=28 000(元)。

(3)A保险公司在家庭自用汽车损失保险项下对标的车的赔偿金额=(22 000－2 000)×150 000÷150 000×70%=14 000(元)。

参 考 文 献

[1] 李金艳,张红英.汽车保险与理赔[M].北京:机械工业出版社,2016.
[2] 赵颖悟.汽车保险与理赔[M].北京:电子工业出版社,2013.
[3] 王娜.汽车保险与理赔[M].北京:北京大学出版社,2017.
[4] 肖俊涛.汽车保险理赔精要与案例解析[M].成都:西南财经大学出版社,2015.
[5] 林绪东.汽车保险定损与理赔实务[M].北京:机械工业出版社,2016.
[6] 范健,王建文,张莉莉.保险法[M].北京:法律出版社,2017.
[7] 杨曙光.机动车交通事故损害赔偿法律问题研究[M].北京:中国人民公安大学出版社,2010.
[8] 江伟,肖建国.民事诉讼法[M].北京:中国人民大学出版社,2015.
[9] 周宇,等.汽车保险法律法规与保险条例[M].北京:北京理工大学出版社,2014.
[10] 王雨静.保险合同法律问题研究[M].北京:中国政法大学出版社,2014.
[11] 王俊喜.汽车保险与理赔[M].北京:北京理工大学出版社,2010.
[12] 刘凯湘.名校名师法学讲义——合同法[M].北京:中国法制出版社,2010.
[13] 伍静.汽车保险与理赔[M].北京:化学工业出版社,2009.
[14] 骆孟波.汽车保险与理赔[M].上海:同济大学出版社,2009.
[15] 梁军,焦新龙.汽车保险与理赔[M].2版.北京:人民交通出版社,2009.
[16] 费洁.汽车保险[M].北京:中国金融出版社,2009.
[17] 董恩国.汽车保险与理赔[M].北京:清华大学出版社,2009.
[18] 荆叶平,王俊喜.汽车保险与公估[M].北京:人民交通出版社,2009.
[19] 李景芝,赵长利.汽车保险与理赔[M].北京:国防工业出版社,2009.
[20] 中国法制出版社.中华人民共和国合同法(实用版)[M].北京:中国法制出版社,2009.
[21] 赵仲波.汽车保险与理赔[M].济南:山东科技出版社,2008.
[22] 石社轩.汽车保险与理赔[M].武汉:武汉理工大学出版社,2008.
[23] 陈立辉.汽车保险与理赔[M].北京:北京理工大学出版社,2008.
[24] 王永盛.车险理赔查勘与定损[M].北京:机械工业出版社,2008.
[25] 付铁军,杨学坤.汽车保险与理赔[M].北京:北京理工大学出版社,2008.
[26] 张永恪.汽车保险与交通实用手册[M].北京:法律出版社,2007.
[27] 杨磊.汽车保险与理赔操作指南[M].北京:法律出版社,2007.
[28] 张新宝,陈飞.机动车交通事故责任强制保险条例理解与适用[M].北京:法律出版社,2006.

人民交通出版社汽车类高职教材部分书目

一、交通职业教育教学指导委员会推荐教材、高等职业教育规划教材

1. 汽车运用技术专业

书　号	书　名	作　者	定　价	出版时间	课件
978-7-114-11263-8	●汽车电工与电子基础（第三版）	任成尧	46.00	2015.11	有
978-7-114-11218-8	●汽车机械基础（第三版）	凤　勇	46.00	2016.04	有
978-7-114-11495-3	汽车发动机构造与维修（第三版）	汤定国、左适够	39.00	2016.04	有
978-7-114-11245-4	●汽车底盘构造与维修（第三版）	周林福	59.00	2015.11	有
978-7-114-11422-9	●汽车电气设备构造与维修（第三版）	周建平	59.00	2016.04	有
978-7-114-11216-4	●汽车典型电控系统构造与维修（第三版）	解福泉	45.00	2015.01	有
978-7-114-11580-6	汽车运用基础（第三版）	杨宏进	28.00	2016.01	有
978-7-114-09167-4	汽车电子商务（第二版）	李富仓	29.00	2016.06	
978-7-114-05790-3	汽车及配件营销	陈文华	33.00	2015.08	
978-7-114-06075-8	汽车专业资料检索	张琴友	30.00	2015.01	
978-7-114-11215-7	●汽车文化（第三版）	屠卫星	48.00	2016.09	有
978-7-114-11349-9	●汽车维修业务管理（第三版）	鲍贤俊	27.00	2015.08	有
978-7-114-11238-6	●汽车故障诊断技术（第三版）	崔选盟	30.00	2015.08	有
978-7-114-06031-9	汽车检测诊断技术	邹小明	24.00	2016.06	
978-7-114-05662-1	汽车检测设备与维修	杨益明	26.00	2015.08	
978-7-114-05661-3	汽车单片机及局域网技术	管秀君	13.00	2015.06	
978-7-114-05718-0	汽车维修技术（机修方向）	刘振楼	23.00	2016.6	

2. 汽车技术服务与营销专业

书　号	书　名	作　者	定　价	出版时间	课件
978-7-114-11217-1	●旧机动车鉴定与评估（第二版）	屠卫星	33.00	2016.07	有
978-7-114-07915-3	汽车保险与公估	荆叶平	43.00	2016.01	
978-7-114-08196-5	汽车备件管理	彭朝晖	22.00	2016.08	
978-7-114-11220-1	●汽车结构与拆装（第二版）	潘伟荣	59.00	2016.04	有
978-7-114-08084-5	汽车维修服务	戚叔林	23.00	2015.08	
978-7-114-11247-8	●汽车营销（第二版）	叶志斌	35.00	2016.04	有

3. 汽车整形技术专业

书　号	书　名	作　者	定　价	出版时间	课件
978-7-114-11377-2	●汽车材料（第二版）	周　燕	40.00	2016.04	有
978-7-114-12544-7	汽车钣金工艺	郭建明	22.00	2015.11	
978-7-114-12311-5	汽车涂装技术（第二版）	陈纪民、李　扬	33.00	2015.08	有
978-7-114-09094-3	汽车车身测量与校正	郭建明	22.00	2015.07	
978-7-114-11595-0	汽车车身焊接技术（第二版）	李远军、李建明	28.00	2016.04	有
978-7-114-07918-4	汽车车身修复技术	韩　星	29.00	2015.07	
978-7-114-12143-2	车身结构及附属设备（第二版）	袁　杰	27.00	2016.05	
978-7-114-13363-3	汽车涂料调色技术	王亚平	25.00	2016.11	有

4. 汽车制造与装配技术专业

书　号	书　名	作　者	定　价	出版时间	课件
978-7-114-12154-8	汽车装配与调试技术	刘敬忠	38.00	2015.06	有
978-7-114-12734-2	车身焊接技术	宋金虎	39.00	2016.03	有
978-7-114-12794-6	汽车制造工艺	马志民	28.00	2016.04	有
978-7-114-12913-1	汽车 AutoCAD	于　宁、李敬辉	22.00	2016.06	有

二、21世纪交通版高职高专汽车专业教材

书　号	书　名	作　者	定　价	出版时间	课件
978-7-114-10520-3	汽车概论	巩航军	29.00	2013.05	有
978-7-114-10722-1	发动机原理与汽车理论（第三版）	张西振	29.00	2015.12	有
978-7-114-10333-9	汽车维修企业管理（第三版）	沈树盛	36.00	2016.05	有
978-7-114-06997-0	汽车空调构造与维修	杨柳青	20.00	2016.01	

书　号	书　名	作　者	定价	出版时间	课　件
978-7-114-12421-1	汽车柴油机电控技术（第二版）	沈仲贤	26.00	2015.10	有
978-7-114-11428-1	汽车使用与技术管理（第二版）	雷琼红	33.00	2016.01	有
978-7-114-11729-9	汽车保险与理赔（第四版）	梁　军	32.00	2015.12	有
978-7-114-07593-3	汽车租赁	张一兵	26.00	2016.06	
978-7-114-08934-3	汽车发动机机械系统检修（第二版）	林　平	35.00	2015.06	有
978-7-114-08942-8	汽车底盘机械系统检修（第二版）	陈建宏	39.00	2016.05	有
978-7-114-09429-3	汽车底盘电控系统检修	张立新、屈亚锋	35.00	2015.07	有
978-7-114-09317-3	汽车维修技术基础	刘　毅	35.00	2015.07	有
978-7-114-09961-8	汽车构造	沈树盛	54.00	2015.04	有
978-7-114-09866-6	汽车发动机构造与维修	王兴国、刘　毅	36.00	2013.12	有
978-7-114-09719-5	汽车电器构造与维修	杨连福	45.00	2013.12	有
978-7-114-09099-8	工程机械柴油发动机构造与维修	许炳照	40.00	2013.07	有
	三、高等职业教育"十二五"规划教材				
978-7-114-10280-6	汽车零部件识图	易　波	42.00	2014.1	有
978-7-114-09635-8	汽车电工电子	李　明、周春荣	39.00	2012.07	有
978-7-114-10216-5	汽油发动机构造与维修	刘　锐	49.00	2016.08	有
978-7-114-09356-2	汽车底盘构造与维修	曲英凯、刘利胜	48.00	2015.07	有
978-7-114-09988-5	汽车维护（第二版）	郭远辉	30.00	2014.12	有
978-7-114-11240-9	●车载网络系统检修（第三版）	廖向阳	35.00	2016.02	有
978-7-114-10044-4	汽车车身修复技术	李大光	24.00	2016.01	有
978-7-114-12552-2	汽车故障诊断技术	马金刚、王秀贞	39.00	2015.12	有
978-7-114-09601-3	汽车营销实务	史　婷、张宏祥	26.00	2016.05	有
978-7-114-13679-5	新能源汽车技术（第二版）	赵振宁	38.00	2017.03	有
978-7-114-08939-8	AutoCAD 辅助设计	沈　凌	25.00	2011.04	有
978-7-114-13068-7	汽车底盘电控系统检修	蔺宏良、张光磊	38.00	2016.08	有
978-7-114-13307-7	汽车发动机电控系统检修	彭小红、官海兵	35.00	2016.1	有
	四、高职高专改革创新示范教材				
978-7-114-09300-5	汽车使用与维护	毛彩云、柯志鹏	28.00	2015.09	有
978-7-114-09302-9	汽车实用英语	王升平	30.00	2011.08	有
978-7-114-09307-4	汽车维修企业管理	齐建民	34.00	2015.12	有
978-7-114-09305-0	汽车发动机电控系统构造与检修	罗德云	23.00	2014.07	有
978-7-114-09352-4	汽车发动机机械构造与检修	成伟华	33.00	2015.02	有
978-7-114-09494-1	汽车自动变速器构造与检修	王正旭	36.00	2015.02	有
978-7-114-09929-8	汽车电气设备构造与检修	刘存山	31.00	2012.08	有
978-7-114-10310-0	汽车空调系统构造与检修	潘伟荣	38.00	2013.05	有
	五、教育部职业教育与成人教育司推荐教材				
978-7-114-09147-6	汽车实用英语（新编版）	杜春盛、邵伟军	33.00	2016.07	
978-7-114-08846-9	汽车发动机构造与维修（新编版）	王　会、刘朝红	33.00	2015.09	
978-7-114-06406-7	汽车运行材料	嵇　伟、孙庆华	26.00	2016.06	
978-7-114-07969-6	★汽车专业英语	边浩毅	26.00	2016.01	
978-7-114-04112-9	汽车使用性能与检测技术	李　军	26.00	2015.07	
978-7-114-04750-9	汽车营销技术	王怡民	32.00	2016.11	
978-7-114-04644-8	汽车专业英语	王怡民	26.00	2016.06	

●为"十二五"职业教育国家规划教材；★为"十一五"职业教育国家规划教材。
咨询电话：010-85285962；010-85285977. 咨询QQ：616507284；99735898